ロシアの「LGBT」

性的少数者の過去と現在

安野 直 著

EURASIA LIBRARY

ユーラシア文庫
12

目次

ロシアの「ＬＧＢＴ」

――性的少数者の過去と現在――

はじめに

近年、ロシアの「LGBT」をめぐる情勢に、世界から注目が集まっている。しかしそれは、もっぱら悪い意味でだ。というのも、西欧を中心とした「LGBT」へのおおむね好意的な社会の流れ――国連人権理事会における「人権、性的指向および性自認」決議の採択、フランスの民法改正による同性婚の法制化、イングランドおよびウェールズにおける同性婚の合法化など――と逆行するかのように、ロシアでは二〇一三年に「同性愛宣伝禁止法」が制定されたからだ。このロシアの動きはセクシュアル・マイノリティ当事者を中心に衝撃を与え、おもに西欧諸国から批判が集まった。また、わが国においても広く報道され、筆者のまわりではその影響からか、「ロシアはヤバい」「ロシアではLGBTは逮捕される」といった類の風評を耳にするようになった。しかし筆者は、このようなナイーブで誇張された反応には違和感を覚える。日本におけるロシアの「LGBT」をめぐる報道は、どうも一部の事実が断片的に切り取られ、否定的な側面のみがことさら強調されているように思えるのだ。

本当にロシアは、「ＬＧＢＴ」にとって抑圧的で、恐ろしい国なのだろうか。本書はこうした問題意識のもと、ヨーロッパ・ロシアの都市部を中心に、これまでの「ＬＧＢＴ」の歴史や文化、そして現代の「ＬＧＢＴ」運動などを概観し、ロシアの性的少数者をめぐる実情を明らかにする。

ロシアにおける「ＬＧＢＴ」の歩みとは、一言で表現すると、「寛容」と「抑圧」とのあいだを、振り子のように行きつ戻りつする往還の運動だった。したがって、これまでの歴史や文化、アクティヴィズム（活動家による社会変革を目指した運動）の文脈を無視し、「同性愛宣伝禁止法」をめぐる報道のみをもって、ロシアでは「ＬＧＢＴ」は抑圧されている、と一方的に決めつけるのは早計だろう。重要なのは、問題含みの「同性愛宣伝禁止法」や近年の右傾化に至るまでにロシアがどのようなプロセスを経てきたのか、またロシアの「ＬＧＢＴ」たちが、権力にたいして実際にどのように向き合ってきたのかを知ることだ。

そこで本書の前半部では、中世から帝政ロシアまで（第一章）、さらには一九一七年のロシア革命を経てソ連崩壊まで（第二章）のセクシュアル・マイノリティの歩みを素描してみよう。このことを通して、ロシアが同性愛を中心とした性的少数者にたいして態度を変えてきた紆余曲折がよくわかるだろう。さらに後半では、ペレストロイカ以降の現代ロシアにおける「ＬＧＢＴ」運動の歩みを概観したうえで（第三章）、「同性愛宣伝禁止法」とその影響、さらにはロシアの当事者運動について紹介し、トランスジェンダーの活動家の方の実際の声に耳を傾けつつ、ロシアの「ＬＧＢＴ」の今に迫りたい（第四章）。

ここで、本書で使う「ＬＧＢＴ」ということばについて簡単に確認しておこう。「ＬＧＢＴ」は、女性同性愛者を示す「レズビアン（Ｌ）」、男性同性愛者である「ゲイ（Ｇ）」、男女のいずれも性愛の対象とする両性愛の「バイセクシュアル（Ｂ）」、さらに出生時に割り当てられた性別と異なる社会的性《ジェンダー》や性別表現で生きる人々を広く指す「トランスジェンダー（Ｔ）」を総称したものである。ロシアでは「レズビアン」ということばに関しては、十九世紀末にすでに使用例があるが、「ゲイ」は一九八〇年代、「バイセクシュアル」は一九九〇年代、「トランスジェンダー」はおおむね二〇〇〇年代ごろから使われ始めた。しかし「LGBT」ということば自体がロシアで一般的に使用され始めるのは、二〇〇〇年代半ば以降のことである。

「LGBT」はセクシュアル・マイノリティの主体的な当事者運動を象徴する語であり、多様な性的少数者を肯定的に包み込む政治的概念である。だがいっぽうで、L／G／B／Tという各カテゴリーに固有の歴史や文脈、課題を見えにくくさせてしまうこともあり、問題が含まれることばでもある。とくに「T」にあたるトランスジェンダーは、しばしば「LGB」と混同されがちである。しかし現在では、トランスジェンダーは自身の性自認の問題であり、同性愛や両性愛といった性的指向とは基本的に異なった概念として一般的に理解されている。そこで本書では、ロシアでも流通している語であることから性的少数者の意で「LGBT」を使用するが、以上の問題点を考慮して「」でくくり、「いわゆるLGBT」として使うこととしたい。

第1章　ソ連以前のセクシュアル・マイノリティ

本章では、中世から一九一七年の革命を経たソヴィエト連邦成立以前のロシアにおける、男性同性愛を中心とした歴史をみていこう。その歴史とは、同性愛がたんなる倫理的規範からの逸脱や宗教上の罪であった時代から、法的な罰則の対象になり、さらには性科学の流入による行為から人格としての「同性愛者」の誕生へと、その概念が変遷していく過程であった。

中世における同性愛

十世紀のおわりに正教を国教として受容したことを契機に、ロシアの地にキリスト教にもとづいた性道徳が流入することになり、同性愛は宗教上の罪となった。聖書や中世ロシアの法文典『舵の書』にみられるように、自慰行為や動物との性交といった「自然に反する性行為」は「ソドミー」という概念によって禁じられていたが、とりわけ男性同士の性愛はもっとも深刻な罪とされた。ロシア語で男性同性愛は、「男の放蕩〔мужеблудие《ムジェブルヂエ》〕」や「男の床《とこ》〔мужеложство《ムジェロージストヴォ》〕」と呼ばれており、これらのことばは日本語の語感では「男色」に近いものである。

中世ロシアの倫理観を示す『家庭訓《ドモストロイ》』のなかにも、同性愛についての記述がみられる。夫婦が守るべき規範を説いた第十三章には、新約聖書のコリント前書を引用しつつ、淫行や偶像崇拝、幼児性愛者と並んで「男色者《ムジェロージニッツィ》」は批判されている。同様に第二三章では、正教徒にとって望ましくない行為に「ソドムの罪」が挙げられており、病や不幸のひとつとして厳しく非難されている。このように近代以前のロシアでは、男性間の性愛は宗教・倫理上、よくない行為であるとされていた。

しかしながら、これは「建前」に過ぎず、実際には法的に同性愛を罰する規定はなく、広く男色はおこなわれていた。男性同士の性愛は、修道院などでもしばしばみられたようだが、世俗の世界で男色がおこなわれたのは、ロシア伝統の蒸し風呂小屋であるバーニャであろう。十七世紀にはすでに男色が確認されており、バーニャは二十世紀初頭まで、男性たちが関係をもつ場でもあった。とくに、バーニャで働く若い少年と、客として訪れる年長者とのあいだで性的関係が結ばれることがあった。

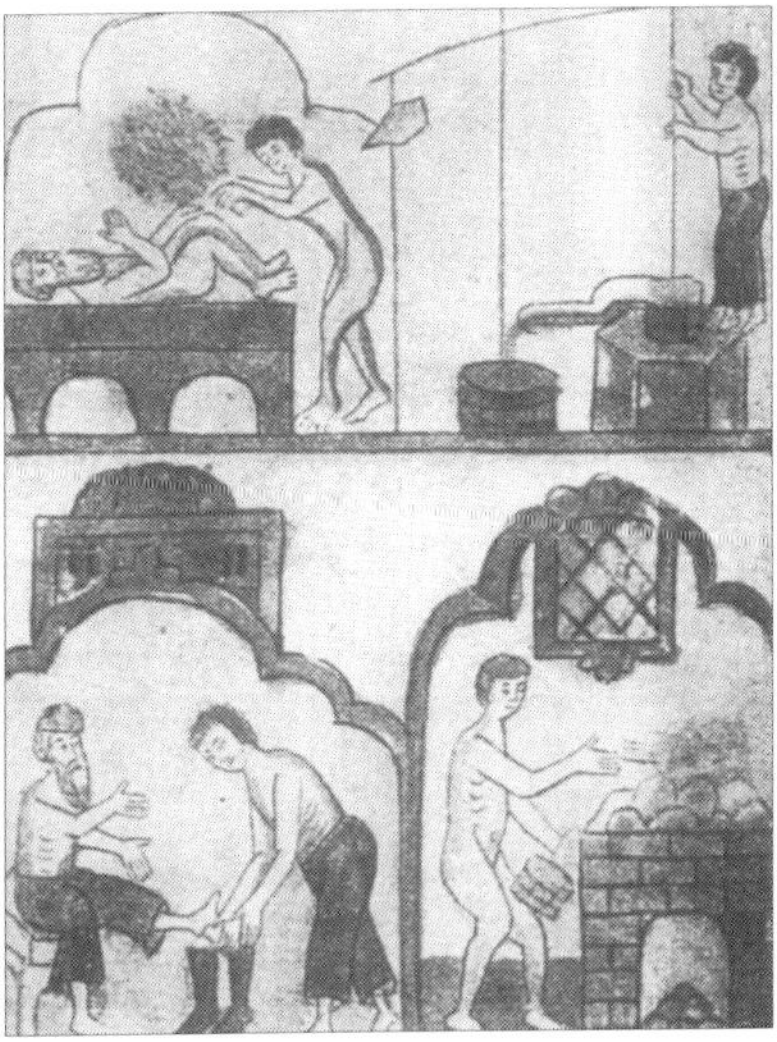
17世紀頃のバーニャの様子
（ロシア国立歴史博物館）

いっぽうで、キリスト教圏である他の西欧諸国では、おおむね中世後期から同性愛にたいして不寛容になっていく。米国の歴史学者ジョン・ボズウェルが『キリスト教と同性愛』のなかで述べているように、一二五〇年から一三〇〇年にかけて、ヨーロッパの大半で、同性愛は合法的であった状況から死刑に値する罪へと変化していった。その後の近世においても、フランスをはじめ英国のバガリー法（実際の適用は稀であった）や神聖ローマ帝国のカロリナ刑法典のように、同性愛であるソドミーに死刑を科す法が制定されている。こうした状況を考えれば、ロシアにおける同性愛にたいする弾圧は強くはなかったといえよう。

近代化と同性愛

ところが一七〇六年に、男性間の性行為がはじめて世俗の法的処分の対象となる。すなわち、近代化を推し進めるピョートル大帝が西欧化政策の一環として、軍法規定において同性愛を禁じたのだ。ピョートル大帝の側近であったアレクサンドル・メーンシコフによって起草されたこの法律では、同性愛は「ソドミー」や「自然に反する淫蕩」と表現されており、禁を犯した者は火刑に処されると規定されていた。とはいえ、この法律の処罰の対象は軍人に限られていた上、実際に適用されることは少なかった。その後の一七一六年には処罰は火刑から身体刑へと緩和されることとなった。

法による同性愛の禁止の対象が軍人から一般人へと拡大されたのは、一八三二年、ニコライ一世の治世に刑法が制定された時のことである。この時はじめて、同性愛は刑法による罰則の対象となった。それ以前は、一般のロシア人にとって同性愛は宗教的・道徳的問題であり、法的な罪に問われることはなかった。このニコライ一世による同性愛の禁止条項は、ドイツのヴュルテンベルク王国の法を模倣したとされており、民衆のなかに宗教心と市民道徳を涵養することを目的として制定された。法律の九九五条では、男性間の性行為が禁止され、違反した者にはあらゆる権利の剥奪、さらにはシベリアへの四～五年の流刑と教会での懺悔行が科されることが記されていた。また九九六条では、同性間の性暴力が未成年者や精神薄弱者に加えられた場合、十～二十年の懲役と定められていた。

「同性愛者」の誕生——性科学の流入

さらに一八九〇年前後からは、西欧より性科学がロシアへ流入し、同性愛を精神疾患とみなし、治療の対象とする動きがみられるようになった。この時期に、人格としての「同性愛者」が誕生することになった。同性間の性行為は時代や地域を問わず確認されているが、こうした性行為をする者が「同性愛者」という人格やアイデンティティと結びつけられるようになったのは、性科学によるところが大きい。

同性愛を医学的専門知によって説明しようとした典型例は、ヴェニアミーン・タルノフスキーの『性的感覚の倒錯』（一八八五）であろう。この書物は、医師や法学者のために著された指南書であり、同性愛を遺伝的なものか後天的なものかに大別して論が進められている。タルノフスキーによれば、先天的であれ後天的であれ、男性同性愛は嫌悪を催す不道徳なものとされている。しかしタルノフスキーは、「先天的な倒錯」が原因の同性愛に限っては、法的な罰則を科すべきではないと主張する。そして、クラフト゠エビング、ロンブローゾ、シャルコーといった西欧の性科学者・医学者たちの説に依拠しながら、同性愛を個人の発達や器質性へと還元する主張を展開している。

二十世紀に入ると、男性同性愛を宗教上の罪としてではなく、医学の視線に基づいた「病気」とみなす動きはさらに加速していく。とくに影響力をもったのは、作家ナボコフの父である法学者ウラジーミル・ナボコフが一九〇二年に展開した、同性愛を犯罪とすべきではないとする議論であろう。ナボコフは、これまで同性愛の処罰の根拠とされてきた

「社会道徳」に疑いの目を向けた。このナボコフの問題提起は、同性愛は先天的・生得的なものなのか、あるいは後天的なものなのかという医学や生理学の分野での論争を背景に、同性愛をめぐる議論が宗教的・道徳的レヴェルから医学的レヴェルへと移行したことを示している。ナボコフの議論の影響もあり、一九〇三年の新しい刑法では同性愛の罰則は禁固三か月以上へと緩められた。同性愛をめぐる西欧近代の刑法は、ソドミーそのものを処罰の対象から外す「フランス型」と、罪は軽減するが「自然に反する淫行」とした認識を堅持する「ドイツ型」に大別されるが、ロシアにおける同性愛への罰則の緩和は、典型的な「ドイツ型」であるといえる。

一般的に革命前――とりわけ十九世紀末から二十世紀初頭のロシアは、同性愛に「寛容」であったとするのが通説だ。というのも、すでにみてきたように同性愛を罰する法律があったものの適用されることは少なく、実際には許容されていたからだ。さらには十九世紀末から二十世紀初頭には、これまで取りあげられることの少なかった両性具有や性別越境、同性愛といったテーマが言論の場で正面から扱われることとなり、このことは文化史上の重要なトピックのひとつとなったのだ。

社会や法のなかで、他者のことばによって抑圧的に語られていた同性愛者や性的規範から外れた人々にとって、文学の領域は、おそらくもっとも自由に自分たちのことばを語ることができた場だったのだろう。男性同性愛を主題として扱ったミハイル・クズミンの『翼』（一九〇六）は当時、大きな反響を呼んだ。この小説は女性嫌悪とナルシシズムに貫かれており、男性だけの友愛と性愛のはざまで揺れる親密な関係性が描出されている。この作品では、十六歳の少年ヴァーニャと年上の男性シュトルプとの、性愛と友愛との間の揺れ動きが描かれ、最終的にはヴァーニャはシュトルプと今後の人生を共にすることを決意し、物語は幕を閉じる。『翼』に登場する男性の性的な相手をする男娼フョードルは、世紀転換期のペテルブルクに実際にみられた男性同士の売買春を反映したものであり、『翼』は当時の読者に衝撃を与えることになった。

女性同性愛について

ここまでは、男性同性愛を中心とした歴史をみてきた。いっぽうで、ロシアにおいて女性同性愛が法的な処罰の対象となったことは、帝政ロシア、ソ連時代をとおして一度もなかった。しかしながらこの事実は、女性同性愛にたいする差別や偏見がなかったということでは決してない。男性同性愛が可視化され罰せられるいっぽうで、女性同性愛は長い間ないものとされてきた。女性同性愛が不可視の存在とされてきたことは、同性愛を取り締まっていた法が、基本的には男性間の肛門性交を問題としていたことでもわかる。また女性のみで暮らし、経済的に自立することが困難であったことも可視化されなかった要因だろう。

だが、十九世紀末から女性同性愛（レズビアニズム）は、ロシアでも次第に可視化されていくことになる。この時代には、女性解放運動の興隆を背景に、従来の女性の性役割にとらわれない「新しい女」という理想の女性像が模索された。具体的には、女性の教育機会の拡大や都市部への女性の流入によって、男性に経済的に依存しない女性たちが、少数であるが出現し始めたのだ。社会のなかで次第に女性の存在感が増していくなか、女性同士の性愛も次第に人々の目につくようになった。

女性同性愛は、医学書を中心に言及され始めたが、ホモセクシュアル同様、精神疾患であり治療すべきとの認識が大半を占めた。さらには「売春」「性の乱れ」といった性的放縦さと結びつけられることが多かった。

レズビアニズムがいかに偏見にさらされてきたかは、たとえば作家チェーホフのアレクセイ・スヴォーリンに宛てた一八九五年十二月六日の手紙のなかにみてとることができる。

〔……〕モスクワは良い天気だ、コレラもない、レズビアン同士の恋愛もない……。ぞっとするものだ！　あなたが書いてよこしたように、あのご婦人方たちについて思い出すと、吐き気がする、それはまるで腐ったイワシを食べてしまったかのようだ。モスクワに彼女たちはいない――素晴らしいことだ。（アレクサンドル・エゴーリン、ニコライ・チーノフ編『チェーホフ著作書簡全集』第十六巻、一九四九年）

ここでは女性同士の性愛はコレラ菌と同列に語られており、チェーホフは嫌悪感を露わにしている。十九世紀末にはこれまで、いないものとされてきたレズビアンたちは、白日の下にさらされることになった。しかしそこには、性関係において男性ぬきで主体的に振る舞う女性たちへの侮蔑的な視線が含まれていたことは確かであろう。

いっぽうで、これまで沈黙を強いられてきたレズビアンの女性たちは、文学の領域で「声」を獲得していった。ロシア文学史において、おそらくはじめて女性同性愛を明示的に描いた小説は、リディヤ・ジノヴィエヴァ＝アンニバルの『三三の歪んだ肖像』（一九〇七）であろう。この作品は語り手「わたし」の日記の形式をとっている。婚約者と舞台を見に来ていた「わたし」は、舞台女優ヴェーラからの急な求愛を受け入れることになり、ふたりの愛が始まる。ヴェーラの部屋でふたりの女性は愛し合って暮らしていくが、やがて「わたし」に男性の恋人ができて、ヴェーラを捨てることになり、ヴェーラは自殺してしまう。『翼』のハッピーエンドとは対照的なこの悲劇的な結末は、当時のロシアにおけるレズビアニズムの困難さを示唆しているのかもしれない。

同性愛のみならず、「男性的な女性」という性役割が反転したような人物形象や両性具有のイメージもこの時期の文学作品に多く登場するようになった。同性愛と性別の反転とは明瞭には区別されておらず、同性愛者はしばしば両性具有とみなされ、これらの概念は混然一体となっていた。たとえば女性向け大衆小説の作家エヴドキヤ・ナグロツカヤの

『ディオニュソスの怒り』（一九一〇）の主人公ターニャは、自身のキャリアも恋愛も、主体的に決定する進歩的な女性である。彼女は、物語のなかで一貫して「男性的」に描出された「男っぽい女」である。さらには作品終盤では、友人からターニャ自身が「レズビアン」であると宣言される。ここには、両性具有＝レズビアン＝進歩的な女という、性自認と性的指向とが渾然一体となった、「男／女」という性の自明性を問う「新しい女性」像が浮かび上がる。しかしながら、旧来の規範に囚われないこうした作品は、一九一七年のロシア革命とともに一斉に姿を消すことになった。

第2章　ソヴィエト時代の性的少数者――同性愛を中心に

同性愛の脱犯罪化

一九一七年のロシア革命により国家体制は大きく変化し、帝政時代の同性愛を犯罪とする旧刑法は廃止された。この同性愛の脱犯罪化を象徴するように、モスクワ社会衛生研究所のグリゴリー・バトキスは「ソ連ではホモセクシュアルは個人的な事柄であり、いわゆる「自然な」性愛関係として扱われるべきだ」(『ロシアにおける性革命』、一九二三年)と述べており、個人のセクシュアリティに国家が干渉するべきではないという認識が示されている。また一九三〇年の『ソヴィエト大百科事典』では、ホモセクシュアルはあらゆる民族・階級・職業にみられるものであり、傑出した人物のなかにも多く存在すると幾分好意的に書かれている。さらに百科事典の以下の記述には、当時のソ連が同性愛をどのように考えていたかがよくあらわれている。

われわれの法は、社会の保護の原則にもとづいて、同性愛者の性的関心の対象が子どもや未成年者に向けられた場合のみ、処罰の対象とすると規定している。〔……〕すでにここから明らかとなるのは、ホモセクシュアルの特性と特徴についてのソヴィエトの評価は、われわれがみるところの西欧とは、まったく異なっている。ホモセクシュアルの発達の異常さは理解されているが、社会は、これらの特徴をもつ人に、その異常さの罪を負わせることはできない。(『ソヴィエト大百科事典』第一七巻、一九三〇年)

つまり同性愛は、未成年者を巻き込まない限りにおいて罪には問われないということである。ここには、同性愛の合法化が西欧諸国にたいするソ連の先進性を示すものであるという見解が表れているといえよう。たしかに、同時代のドイツやイギリス、米国の多くの州で同性愛が依然として処罰の対象であったことを考えれば、ソ連における同性愛の脱犯罪化は進歩的であったといえるかもしれない。

同性愛を法のレヴェルで容認するこの動きは、ソ連における一連のリベラルな政策のなかに位置づけられる。一九一七年には「民事婚、子および身分登録の実施に関する布告」と「離婚に関する布告」が出され、教会婚の廃止と登録婚の導入、結婚離婚手続きの簡易化、嫡出子と非嫡出子の平等などが打ち出された。さらに一九二〇年には、中絶が合法化されるなど、女性の権利が拡充し、革命期には法的な面での男女平等が達成された。こうした旧来の性規範の変革とあらたな価値の創造を志向する流れのなかで、同性愛も処罰の対象から外れることになったのだ。

だが、一見、同性愛に寛容な動きがあるいっぽうで、一九二〇年代のソ連において同性愛は依然として治療不可能な病気であると考えられていた。さらには、第一章でみたように二十世紀初頭には文学や思想の領域で同性愛は、創作や思索の主題となることも多かったが、一九二〇年代には同性愛について自由に発表できる場はほとんどなくなっており、表現の自由は著しく制限されていた。また同じソヴィエト連邦内であっても、アゼルバイジャンやトルクメニスタン、ウズベキスタン、グルジア（ジョージア）では同性愛は犯罪であるとする刑法は廃止されることはなく、残ったままであった。このように、帝政からソ連へと体制が移行し同性愛は脱犯罪化されるが、同性愛者にたいする抑圧がなくなったわけではない。

スターリン体制から「雪解け」期までの同性愛

一九三四年に、同性愛はふたたび処罰の対象となる。ロシア共和国刑法一五四条の改正により、「女性への強姦」の項目に一五四条aとして、「男色《ムジェロージェストヴォ》」が付け加えられたのだ。ここには、「男性同士の性的関係（男色《ムジェロージェストヴォ》）については、三～五年の自由剥奪。暴力や被害者の従属的立場を利用してなされた男色《ムジェロージェストヴォ》は、五～八年の自由剥奪」と規定されている。この法により、性的強要のない同性愛行為であっても、罪に問われることになった。同性愛の犯罪化の直接の要因は、統合国家政治管理局の長官ゲンリフ・ヤゴダがレニングラード（現在のサンクトペテルブルク）の同性愛者の集まるクラブやサークルを反革命因子として、スターリンに報告したためとされている。

ソ連成立当初の同性愛への寛容な態度とは一八〇度異なった、この同性愛の抑圧には、スターリン体制下での「家族強化論」が影響している。革命初期のリベラルな政策のために、当時のソ連では中絶や離婚の増加が顕著となった。またホモセクシュアルについても、帝政末期にペテルブルクを中心に発展していった同性愛サークルや男性間の売春行為などがこの時期になって問題視されるようになった。こうした事態を受けて、スターリン体制下ではこれまでのリベラルな方針とは打って変わって、社会の安定化と社会主義の発展のために、家族は社会を構成する基本単位であるとする家族主義が強化されていくことになったのだ。「家族強化論」の下、中絶の禁止（一九三六年）や「母親英雄」の制定（一九四四年）による多産奨励といったバースコントロールが実施された。また女性にたいしては、母性の喜びを思い出させ、再生産は社会に対しての義務であることを喚起させるようなキャンペーンもおこなわれた。こうしたなかで、子孫を残すという生殖＝再生産活動に携わらない同性愛者は排除されなければならないという理屈だった。

　男色《ムジェロージェストヴォ》が犯罪化されるにともない、同性愛を反革命的な「ブルジョワの道徳的退廃」とするプロパガンダが喧伝されていくことになる。たとえば作家のマクシム・ゴーリキーは、同性愛がふたたび犯罪となった同じ年に、「プロレタリア・ヒューマニズム」（一九三四）という記事を新聞『プラヴダ』などに掲載した。ここでゴーリキーは、資本主義はみずからの既得権益を守るためにファシズムを動員したと主張し、社会主義を擁護する立場から、資本主義とファシズムを批判する。その際ゴーリキーは、ホモセクシュアルを資本主義の産物とみなしたうえで、こう書いている。

〔……〕プロレタリアートが勇ましく、そして首尾よく管理している国では、若者を堕落させるホモセクシュアルは、社会的には犯罪であり罰するべきものであるとみなされているが、いっぽうで、偉大な哲学者、学者、音楽家の「文化的な」国では、それ〔ホモセクシュアル〕は自由に、罰せられることなくおこなわれている。すでに、こういう言い回しがある。「ホモセクシュアルを根絶せよ――そうすれば、ファシズムは消えるだろう」。（マクシム・ゴーリキー『ゴーリキー全集全三〇巻』、第二七巻、一九五三年）

ここでゴーリキーは、同性愛が自由におこなわれている西欧の資本主義国と対比しつつ、プロレタリアートによる社会主義の発展を口実に、ホモセクシュアルを排除する言説を流布した。このように、社会主義国家建設のために同性愛は不要なものであり、国家にたいする罪であるというプロパガンダが広まることになる。当然ながら、同性愛を主題とした自由な言論活動は許されず、同性愛者たちは沈黙を強いられた。

一九三〇年の時点では同性愛におおむね好意的であった『ソヴィエト大百科事典』も、一九五二年の版では、ホモセクシュアルは資本主義社会の退廃的産物であると記述されており、スターリン体制下で同性愛の見方がおおきく変化したことがわかる。実際に、「ホモセクシュアル」の項目には、資本主義社会ではホモセクシュアルは広くみられる現象であるとしたうえで、ホモセクシュアルの要因は社会・生活上の条件によるものであり、ソヴィエト社会では性的倒錯としてのホモセクシュアルは、恥ずべき犯罪であると説明されている。

一九五三年のスターリンの死去、さらには一九五六年のフルシチョフによるスターリン批判によって言論抑圧が一時的に弱まり、社会は自由化していくことになる。ソ連史ではこの一九五三年から一九六〇年台半ばまでは、一般に「雪解け」の時期とよばれている。「雪解け」期は、社会・経済・外交などあらゆる面での変革がなされた。しかしながら同性愛に関しては、刑法が見直されることはなく依然としてスターリン時代の抑圧が続くことになる。一九六〇年に制定されたロシア共和国新刑法の第一二一条において、男性同性愛は五年以下の自由剥奪（身体的暴力や脅迫、従属的地位の者におこなわれた場合は八年以下）と定められており、事実上、一九三四年の刑法を引き継いでいる。

この立法理由について、法学者の大江泰一郎は当時のソ連の人口比の問題、およびラーゲリ（強制収容所）での性暴力への後追い的対策という二点をあげている。第二次世界大戦後、ソ連では男性の戦死が原因で男女の人口比はおおむね一対二となり、男性不足が社会問題となった。したがって同性愛の規制は、男性不足による異性婚の減少によってもたらされる少子化の進行を防ごうという目的があったともいえる。さらには、後に述べるようにラーゲリ内では男性間の性暴力が常態化していた。それゆえ、少しでも性暴力を抑制するために、同性愛を許容するわけにはいかなかったのだろう。

同性愛文化の復活と「LGBT」コミュニティの萌芽

一九六四年にフルシチョフが失脚し、「雪解け」は終わりを告げる。その後のブレジネフの時代は、社会の安定化が図られるが、文化にたいしては統制が強化された時期である。しかしいっぽうで、検閲を通らない自由な作風の作品が、非合法の地下出版（サミズダート）で流通し始めた。一九七〇年代には、同性愛の小さなサークルがつくられ、同性愛の文化は次第に息を吹き返し始める。

なかでもわたしたちの興味をひくのは、地下出版の文芸作品集『メトロポリ』（一九七九）である。ここには、ヴィクトル・エロフェーエフやアンドレイ・ビートフ、ファジリ・イスカンデールといった著名な作家たちの作品が収録されている。この作品集に収められたエヴゲーニー・ポポロフの短編「貯水池」はホモセクシュアルをテーマとしたソ連初の作品といわれている。またポポロフの友人であるエヴゲーニー・ハリトーノフは地下出版の文集『時計』（一九七九）に、同性愛を扱った短編「オーブン」を発表するなど、非合法でホモセクシュアルを扱っ

『メトロポリ』(1979)

た作品が発表され始める。ハリトーノフがソ連時代に執筆し、死後ソ連崩壊とともに公表された短編「ある少年の物語――どうして僕はこうなったのか」は、日本語にも訳されている（『ユリイカ』一九九五年十一月臨時増刊、鈴木正美訳）。一九七〇年代は、専門家のあいだでは、同性愛を罰する一二一条の廃止も議論された時期でもあり、同性愛にたいして寛容な空気が作られ始めた。

一九八〇年代には、現代に通じる「ＬＧＢＴ」運動の萌芽をみてとることができる。一九八四年にソ連初のゲイの権利擁護を目的とした団体「ゲイ・ラボラトリー」が大学生のアレクサンドル・ザレンバによって創設されたのだ。この団体は、同性愛の非犯罪化とエイズの啓発を目的としており、三十人（内、女性四人）が所属していた。「ゲイ・ラボラトリー」はＫＧＢ（ソ連国家保安委員会）の取り締まりにより、ごく短命に終わってしまったが、その歴史的意義は大きい。というのも、ソヴィエトにおいて、社会のなかでのゲイの状況改善を目的としたはじめての団体であり、今日まで続く「ＬＧＢＴ」アクティヴィズムの原型であるからだ。同様にレニングラードでは、レズビアンを中心とした団体「自立した女たちの会」が結成されるなど、小規模ながら「ＬＧＢＴ」コミュニティが形成されつつあった。またソ連崩壊直前には、都市部に「プレーシュキ」と呼ばれる同性愛者たちの密会の場が点在し始めた。彼らはこうした場所で交友を図ったが、同時に性感染症の温床にもなっていた。

このようにソ連末期には、同性愛にたいしてリベラルな空気が次第に醸成されていったが、同性愛を犯罪と定めた刑法一二一条の廃止は、ソ連崩壊後の一九九三年を待たなければならなかった。

ラーゲリのなかでの同性愛

ソ連における同性愛を語るうえで欠かすことができないのは、ラーゲリ（強制収容所）内での男性間の性的関係であろう。スターリンによる独裁体制がしかれた後には、強制収容所へ送られる数は増加していく。一九三〇年にはおよそ一四万人だった収容者は、一九四一年には二〇〇万人、一九五〇年には三〇〇万人にのぼった。こうしたなか、ラーゲリ内で男性間の性暴力が頻繁にあったようだ。とりわけ一九三五年以降は、十二歳から収容可能となり、少年や若い囚人は被害にあいやすかった。男性同士の性的行為は、肉体的欲望の充足のみならず、ラーゲリ内での上下関係を誇示することを目的としておこなわれていた。したがって男性間の性暴力は、同性愛の罪で投獄された者同士のみならず、おおくの囚人間で広くみられたのだ。

ラーゲリ内で使われていた同性愛を示す隠語には、現代のロシアで使用されているものも多い。たとえば、もともとは「粘土攪拌《かくはん》に従事する労働者」を意味する「глиномес（グリノメース）」という語は、一九五〇年代ごろから、ラーゲリのなかで男性間の性行為において能動的な役割をする人という意味で使用され始め、現在でもそうした人々を指すときに用いられている。また「雄鶏」を意味する「петух（ペトゥーフ）」も、性関係において受動的な男性を指す語として収容所で頻繁に使われていたが、現在でも男性同性愛者を中傷する語として口語を中心に使用されている。

ラーゲリでの男性間の性愛関係はしばしばクローズアップされるが、女性同士の関係も記録として残されている。とくに、一九四〇年代以降に女性の収容者が増加していき、ラーゲリのなかでのレズビアン関係は活発化していく。ソ連史上初のフェミニズム雑誌といわれている『女性とロシア』には、女子収容所でのレズビアン的な関係について貴重な証言が残されている。一九七九年一月におこなわれたガリーナ・グリゴーリエヴァによる元収容者への聞き取りによれば、男性に失望し、監獄という特殊な「真空状態」のなかで、女子同士の関係は「監獄の習い」といわれている。さらに、女性の囚人たちのほぼ半数は女性同士の愛情関係をもっていたとされ、男性的立場の女性は「上《ヴェルフ》」と呼ばれ男性名をもっていた。いっぽう女性的役割を担う立場は「下《ニース》」と呼ばれていたようだ。こうした女性同士の関係は、男性間の暴力的なそれとは異なり、性的満足のみならず友情に裏付けられた恋愛関係であり、出獄後も継続されることが多いという（T・マモーノヴァ、Yu・ヴォズネセンスカヤ『女性とロシア――ソ連の女性解放運動』、片岡みい子編訳、亜紀書房、一九八二年）。

ソ連におけるトランスジェンダー

ここまでわたしたちは、ソ連における同性愛の歴史を中心にみてきた。以下ではソ連におけるトランスジェンダーをめぐる状況について、補足することにしよう。ソ連では、身体の性別とは異なった性の服を身にまとい生きる人々は、「トランスヴェスティート」と呼ばれていた。「トランスヴェスティート」ということばは、もともとは、一九一〇年にドイツの性科学者マグヌス・ヒルシュフェルトが提唱した語であり、一九二〇年代終わりにロシアに流入した。それ以前は、身体の性別と異なった性を自認したり、服装を身につけたりすることは、「ホモセクシュアル」、すなわち同性愛と混同されていたが、「トランスヴェスティート」ということばの発明とともに、同性愛と性別越境とは一応は区別されるようになる。

たとえば、精神科医のアキム・エデルシュテインは「トランスヴェスティズムの臨床によせて」（一九二七）という論文のなかで、ヨーロッパの性科学を参照しつつ、ホモセクシュアルと異性の服を着る服装倒錯とを区別している。また一九三〇年の『ソヴィエト大百科事典』にも、「しばしばホモセクシュアルは、トランスヴェスティートと同時に起こる」とあり、一応は両者が別々の概念であることがわかるように書かれている。

ここで、ソ連におけるトランスジェンダーに関する興味深い事例をひとつ紹介しよう。

一九二九年に、ソ連の構成国であったタタール共和国のカーメネフという人物が、外科的手術および性別の変更を申し出たのだ。タタール共和国人民委員会は、判断をロシア・ソヴィエト社会主義共和国連邦に委任し、モスクワの司法人民委員であったニコライ・ヤンソンは、保健人民委員部に判断を仰いだ。婦人科医であったレイボヴィチはこの人物を「ホモセクシュアル」の一種であり、「精神的な両性具有者」であると診断した。しかし最終的に常任委員会はヤコヴ・レイボヴィチの見解を退け、「トランスヴェスティート」との判断を下した。ここには、「ホモセクシュアル」「両性具有」「トランスヴェスティート」といった当時の性科学の概念が錯綜しており、これらの性のあり方は、一応は区分されていたが、専門家のあいだでも判断がわれていた様子がうかがえる。また一九二〇年代から三〇年代はじめまでは、ホモセクシュアルをはじめトランスヴェスティートについても、医学の世界ではタブー視されることなく、活発に議論されていたことがわかる。

その後のスターリン期以降には、同性愛同様トランスジェンダーについて言及することもタブー視されることになり、長いこと彼らは沈黙を強いられることとなった。こうしたトランスジェンダーをめぐる状況が変わっていくのは、一九七〇年代に入ってからである。

一九七〇年代のはじめには、連邦構成国であるラトヴィアのリガで、トランスジェンダーにたいする外科的手術が非公式に行われたことが記録されている。また一九八三年に出版された医学書には、性転換症を示す「トランスセクシュアル」について記述された箇所もある。そこには、「トランスセクシュアルとは、生物学的には正常な生殖腺、生殖器を有し、第二次性徴がみられるにもかかわらず、みずからの性自認が異性であること」（ゲオルギー・ヴァシーリチェンコ『特殊性病理学——医師のための指南書』第二巻、一九八三年）と記載されており、性別の越境がソ連においても、公に語られるようになったことを示しているといえよう。この文献には、精神医学の観点からさまざまな「トランスセクシュアル」の人々の症例や生活史が紹介されており（たとえば男性として生まれ女性への性別移行を望む人物が、学校で中性形を示す代名詞「OHO（アノー）」を用いてからかわれた事例など）、ソ連時代のトランスジェンダーたちの困難や葛藤を知ることができる。

さらにソ連末期の一九八〇年代おわりのレニングラードで、精神科医であり性科学者のドミートリー・イサエフの主導により、外科的手術なしでの法的な性別の変更を認めた例も存在する。以上のように、少ない事例ではあるが、トランスジェンダーの可視化と支援はソ連末期におこなわれていたようだ。

ここまでみてきたように、ソ連崩壊直前の一九八〇年代後半には、これまでタブー視されてきた同性愛やトランスジェンダーについての情報が、次第に顕在化し始めた。さらに、ゴルバチョフ政権が政治や社会を立て直すために押し進めたペレストロイカの一環として、グラスノスチ（情報公開）が実施され、性的少数者は社会の表舞台に姿を現し、当事者たちによる「ＬＧＢＴ」運動もまた発展していくことになる。

第3章　ソ連以後の「LGBT」運動の展開

ここからは、いよいよ現代ロシアの「LGBT」運動の展開をみていくことにしよう。

ロシアの「LGBT」運動の興隆はおおきく三つに分けられる。第一の波は、ソ連崩壊直前の一九八〇年代後半から始まる。エイズの蔓延とグラスノスチによる西側からの情報の急激な流入によって、「LGBT」が社会のなかで可視化されるようになった。これに呼応するかたちで、ゲイ雑誌や性的少数者の権利擁護を目指す団体が創設されたのだ。こうして、運動の主体としてのセクシュアル・マイノリティの意識化が始まった。第二の波は、九〇年代のインターネットの発達とともに発展した。そして第三の波は、二〇〇五年の終わり頃から二〇〇六年ごろにかけてであり、「ゲイ・ロシアプロジェクト」や「ロシアLGBTネットワーク」といった団体が中心となって、運動を牽引した。またこの時期には、コミュニティの発達とともに、運動内部での問題も顕在化することになる。

ソ連崩壊とセクシュアル・マイノリティの可視化

ロシアの本格的なアクティヴィズムの展開をみる前に、「ＬＧＢＴ」運動の発端、およびロシアで活動が可能となった八〇年代後半から九〇年代の状況を一瞥しておこう。

性的少数者の権利擁護や既存の異性愛体制への異議申し立てといった、市民の手による「ＬＧＢＴ」運動の先駆けの地となったのは、米国であろう。とくに一九六九年におきたニューヨークにあるゲイバーでの警察と同性愛者を中心とした客とのあいだの暴動「ストーンウォール事件」を契機として、ゲイ解放運動が七〇年台以降広がりをみせた。

ロシアの場合、当事者らによる主体的な「ＬＧＢＴ」運動は、一九八〇年代の後半、ソ連崩壊の過程でおこった。ペレストロイカの一環としておこなわれたグラスノスチによって、これまで秘匿されてきた情報が洪水のようにあふれ、自由な表現活動が許されるようになった。こうしたなかで、性的少数者に関する表現も認められるようになった。

一九八〇年代後半からの性的マイノリティの可視化と運動の発展には、ソ連およびロシアにおけるエイズの流行が関係している。もともとエイズをめぐる問題は、一九八一年に米国で同性愛者たちのあいだで奇妙な病気が蔓延していると報じられたことに端を発する。翌年の一九八二年に、この病気で死亡した患者がいることが報告され、その後に、「エイズ（ＡＩＤＳ）」と名付けられた。エイズはＨＩＶウィルスに感染することにより引き起こされる病であるが、その感染ルートは男性間の性行為のみならず、異性間の性行為や血液感染、母子感染とさまざまであるにもかかわらず、当時エイズは「ゲイの癌」とみなされていた。したがって、男性同性愛者たちはエイズ感染のリスク・グループとされ、差別や偏見、さらには生存の危機に曝された。このように米国においては、「ゲイの癌」とされるエイズの蔓延によって、社会からのバッシングが強まるなかで、「ゲイである」というアイデンティティを拠り所にしてまとまっていたゲイコミュニティは、そのコミュニティのあり方そのものを問い直すことを迫られた。

いっぽうソ連の場合は、一九八〇年代後半に欧米にやや遅れてＨＩＶが蔓延するが、米国のような確立されたゲイコミュニティは存在しておらず、そもそも運動の主体となる性的少数者自体さえも、社会のなかで不可視の存在とされてきた。こうした状況においてＨＩＶウィルスによって、ゲイたちはリスク・グループとして囲い込まれることにより可視化され、差別されることになった。

ソ連ではエイズの感染原因の多くは異性間の性交渉であったにもかかわらず、同性愛者がＨＩＶウィルスの感染源とみなされた。たとえば、一九八六年に保健省の次官ニコライ・ブルガソフは「われわれの国では感染が拡大することはない。なぜなら、重度の性的倒錯であるホモセクシュアルは法律（刑法一二一条）で罰せられるからだ」（『文学新聞』一九八六年五月七日）と述べた。この同性愛にたいする偏見に満ちた発言は、エイズとは男性同性愛者の病気であるという誤った認識にくわえ、法によって同性愛が禁じられていることを理由に、エイズの対策をおこなう必要はないということを示唆している。すなわちソ連において死の危険にあるエイズに罹かった同性愛者たちにたいして、政府として何ら対策をするつもりはない――同性愛者は異性愛者とくらべて生きるに値しない存在であるという国家の認識を読み取ることができる。さらに一九八七年にはソヴィエト刑法第一一五条二項に「エイズに感染させる行為」が犯罪と定められ、他人をエイズに感染させる行為には五年、エイズに感染していることをわかった上で他人にうつした場合には、八年の自由剥奪が科された。このように政府は、エイズにたいして危機感をもっていたことがわかる。こうした政府や社会の危機感の背景には、HIVがたんなるウィルスである以上に、――米国の批評家スーザン・ソンタグが『エイズとその隠喩』で述べているように――社会全体を侵略する侵入者という隠喩《メタファー》として理解されていたことがあげられる。社会学者のイーゴリ・コンが明らかにしているように、当時のソ連の報道において、HIVウィルスはペンタゴン（アメリカ国防総省）による生物兵器としてソ連にもたらされた陰謀であるという反米キャンペーンもおこなわれた。すなわちソ連にとって、エイズとは西側からロシアを脅かすものであり、エイズにかかりやすいゲイは排除しなければならない存在と考えられていたのだ。

しかしいっぽうで、エイズの蔓延を期に、これまでタブーとされてきたホモセクシュアルについて、活発に議論されるようになり、同性愛者の理解が進むことになる。『アガニョーク』や『文学新聞』『コスモールスカヤ・プラヴダ』『帆』『ユーノスチ』といった雑誌・新聞などにはしきりにホモセクシュアルやレズビアンに関する記事が載るようになり、エイズに関する事柄のみならず、ソ連における同性愛者への抑圧や、ラーゲリでの性暴力について世間に知れ渡ることになった。

　同性愛者の可視化が進むなか、ソ連崩壊後の新生ロシアは欧州評議会への参加をスムースにおこなうために、国際世論の影響を考慮し、ついに一九九三年に刑法から同性愛を犯罪とする一二一条を削除した。こうして事実上、同性愛へのタブーは消失した（ちなみに、旧ソ連構成国では、一九九一年にウクライナ、一九九四年にベラルーシ、一九九五年にモルドヴァが同性愛の罪を刑法から削除した）。

　九〇年代の「ＬＧＢＴ」にたいするリベラルな空気の醸成を後押ししたのは、なによりポップ・カルチャーであった。たとえば、二人組グループ「未来からの客人たち」やソロミュージシャン「ＤＪグルーフ」といったアーティストの曲には、同性愛を示唆する歌詞が含まれていた。また、既存のジェンダーに囚われない奇抜なパフォーマンスを特徴とするスウェーデンの音楽グループ「Army《アーミー》 of《オブ》 Lovers《ラヴァーズ》」はロシアでも人気を博した。さらに、日本でもよく知られている女性二人組グループの「t.A.T.u.《タトゥー》」は、レズビアンのイメージを前面にだして、売り出された。

ポップ・カルチャーにくわえ、文芸やアートの領域でも同性愛は顕在化していく。文芸の領域では、ソ連時代には発禁になっていた小説『翼』が、ソ連崩壊とともにふたたび公表され、おおくの人々に読まれた。ほかにもロシア国内の作家では、ハリトーノフをはじめ、ヴァシーリー・アクショーノフやウラジーミル・マカーニン、ドミートリー・クズミン、リュドミラ・ウリツカヤの手によって、同性愛を主題とした作品が相次いで書かれた。また翻訳では、ジャン・ジュネや三島由紀夫といった同性愛を扱った作品が、どっとロシアに流れ込んだ。アートの領域でも、一九九五年の六月二六日から三十日までにモスクワのギャラリーXLでゲンナージー・ウスチャンによる「少数者のためのわたしの雑誌」という展示会が開催された。この展示会は、ゲイに取材し、写真を展示したものであり、同性愛を主題としたおそらくロシア初の試みである。

さまざまな領域での同性愛を中心とした「LGBT」の可視化によって、社会は性的少数者にたいして寛容になっていく。この社会の変化は、世論調査の数値にもあらわれている。ロシア世論調査センターによれば、「ホモセクシュアルに、どのように対応すべきか?」という質問にたいして一九八九年には「排除するべき」が三三パーセントであったが、一九九四年には二二パーセントに低下している。反対に、「援助する」と回答した人の割合は、一九八九年では六パーセントであったが、一九九四年では八パーセントに微増している。また「放っておく」という意見は、一九八九年は一二パーセントであったが、一九九四年には二九パーセントにまで上昇している。ここには、積極的な援助はしないまでも、同性愛者の存在そのものについては許容するというロシアの人々の姿勢がみてとれるだろう。

「ＬＧＢＴ」アクティヴィズムの第一の波

同性愛を中心とした「ＬＧＢＴ」の可視化が進むなか、一九九〇年にはじめて、ソ連においてセクシュアル・マイノリティに関する国際学会が開催された。ソ連構成国であるエストニアの首都タリンで、九〇年の五月二八日から三十日にかけておこなわれ、ジェフリー・ウィークスやゲルト・ヘクマといった西欧の著名なジェンダー研究者も参加した。この国際会議によって、ソ連のセクシュアル・マイノリティ自身が、社会のなかでのみずからの状況を捉え返し、明確なアイデンティティを獲得する契機となった。

一九八九年の暮れには、ロシア・リバタリアン党のエヴゲーニヤ・デブリャンスカヤらの主導によって、モスクワで「セクシュアル・マイノリティ協会」が創設された（「セクシュアル・マイノリティ協会」は意見の相違により一年足らずで解散し、「モスクワ・レズビアンとホモセクシュアル同盟」へと引き継がれていくことになる）。

この団体は、「異なった性的指向をもつ人々の法の前での平等の達成」を掲げ、同性愛を犯罪とする刑法一二一条の撤廃を目指した。さらに「セクシュアル・マイノリティ協会」は法改正のみならず、社会の偏見をなくすためにさまざまなキャンペーンをおこなったり、エイズ患者との交流を図ったりした。さらに一九八九年には、協会のメンバーのロマン・カリーニンによって、ソヴィエト・ロシア初のゲイ向けの新聞『テーマ』が発刊された。『テーマ』は、ゲイを中心とした性的少数者間の交流や情報の提供を目的としている。一九九三年にカリーニンが廃刊を宣言したため、短命におわったが、セクシュアル・マイノリティを扱った当事者向けの定期刊行物が、継続的に刊行された意義は大きい。ちなみに、雑誌の題名となっている「テーマ」とは「主題」を意味する語であるが、同時にホモセクシュアルを示す隠語でもある。

とはいえ、『テーマ』をめぐって、協会にたいしては右派からの攻撃もあった。一九九〇年に、モスクワの地方紙『家族』が、『テーマ』の刊行に関わる協会メンバーのカリーニンが、幼児性愛や動物性愛者、屍体愛好者を擁護する発言をしたと報じたのだ。この報道は、ソヴィエトの国営通信社であるタス通信社をはじめ、右派系新聞の『プラヴダ』や『ロシア』、さらにはテレビ番組「600 Seconds」などでも取りあげられた。『テーマ』は性的倒錯を宣伝するポルノグラフィーであると批判され、センセーションを巻きおこした。さらには、『テーマ』や同盟に抗議する集会も開催された。しかしながら司法の判断により、『テーマ』はポルノグラフィーではないとされ、最初にカリーニンの発言を報じた地方紙は謝罪広告をだすことになった。

こうしたセクシュアル・マイノリティ運動にたいするバックラッシュがあったが、一九九一年には「チャイコフスキー・ファンド」「ゲイ、レズビアン協会『ウィング』」といった性的少数者の団体が続々と組織され、運動は盛り上がりをみせた。やがて、一九九三年に同性愛が犯罪でなくなると同時に、第一の波は収束していく。

アクティヴィズム第二の波——インターネットの発展とともに

二〇〇〇年にウラジーミル・プーチンが大統領職に就いたことは、「ＬＧＢＴ」をはじめとしたロシアのジェンダーをめぐる状況に影響をおよぼした。プーチンは、ポスト・ソヴィエトのロシアにおいて国民を統合し、一体不可分のロシアをつくることを目的に、ナショナリズムを鼓舞する「愛国心プログラム」（二〇〇一年〜二〇〇五年）を採択したのだ。政権は、この「愛国心プログラム」にもとづき、戦勝記念式典の開催や国旗・国歌の制定、愛国映画の作成などにより国民のナショナリズムを煽った。

またこの時期から、ロシア正教会が女性の中絶規制をつよく求めはじめ、女性の権利擁護やフェミニズムの活動に影を落とした。このように国内政治は次第に右傾化していったが、この時点では「ＬＧＢＴ」運動は、女性の権利向上や男女平等を志向するフェミニズム運動ほどは、政治的攻撃の標的にはされていなかった。というのも、「ＬＧＢＴ」運動は徐々に盛り上がりをみせつつあったが、政治の領域においては、まだ存在感がうすかったからだ。そうした意味で、一九九〇年代が洪水のように情報が西欧から流れてきて、混迷を極めていた時期とすれば、二〇〇〇年代は「ＬＧＢＴ」アクティヴィズムにとっては、政治がナショナリズムの傾向にありながらも、安定して運動を拡大していった時期であるといえよう。

この時期のセクシュアル・マイノリティをめぐる情勢にとって重要なのは、一九九七年に公式に性別変更の手順を定めた法が成立したことと、一九九九年に同性愛が保健省の疾患リストから削除されたことであろう。

一九九七年に性別を変更する手続きを含んだ「戸籍簿に関する連邦法」が成立した。この法律によれば、性別変更には医療機関が発行する書類が必要であると規定されているが、保健省が定める決まったフォーマットがあるわけではなく、医療機関が任意の形式で書類を作成することになる。また、規定には明記されていないが、性別変更には「トランスセクシュアル」の診断にくわえ、ホルモン療法と外科手術が必要とされることが多かった。とはいえ、ホルモン療法や外科的手術なしで性別変更が裁判所によって認められる場合もあり、規定自体が曖昧なものであった。この法律の制定は、トランスジェンダーがロシアにおいて認知されてきたことを裏付けているだろう。

また、一九九九年の一月に世界保健機関の国際疾病分類（ICD）改定第一〇版（一九九〇年）を受け入れ、国際社会からおよそ十年遅れて、ロシア国内でも保健省の疾患リストから同性愛が外された。こうして、同性愛は病気ではないと公式にみなされるようになったのだ。

以上のような「LGBT」をめぐる政府の動きを背景に、アクティヴィズムの第二波はインターネットの発達とともにおこった。この「インターネット・アクティヴィズム」の先駆けとなったのは、一九九六年の"Gay.ru"によるインターネットによるリソースの提供開始であろう。"Gay.ru"のサイトには、性的少数者に関するロシア国内や世界のニュースの提供、性的少数者の歴史の紹介、さらには掲示板による交流やパートナー探しなど、多岐にわたるコンテンツが用意されている。これまでのオフラインによる「LGBT」運動が都市部に集中していたために、広大なロシアにおいて地方のセクシュアル・マイノリティは、情報やコミュニティになかなかアクセスできなかった。したがって"Gay.ru"に代表されるオンラインによる「LGBT」運動は、これまで参加できなかった層をも取り込み、着実に大きなコミュニティを形成しつつあった。ロシアではじめて最初のウェブサイト（ドメイン名が .ru）が開設されたのが一九九四年であることを考えれば、「Gay.ru」が当時いかに先駆的な試みであったかがわかるだろう。

その後も、レズビアン向けの "lesbi.ru" や "queer.ru"（現在は "kvir.ru"）"gayclub.ru" といったサイトが相次いで開設され、インターネットによる「ＬＧＢＴ」運動が展開していくことになる。ちなみに、"Gay.ru" をはじめとした「ＬＧＢＴ」向けコンテンツを配信するサイトは、第四章で見るように、二〇一三年の「同性愛宣伝禁止法」によりロシア国内では現在、閲覧が制限されつつある。

同性愛者のコミュニティや運動は、すでにみたように九〇年代はじめに形成されつつあったが、トランスジェンダーの自助的コミュニティが形成されるのは、この第二の波の時期である。もともと「トランスジェンダー」ということばは精神科医のジョン・オリヴェンによって一九六五年に提唱された。その後、一九七〇年代の終わりごろに、米国の生化学者であり活動家であったヴァージニア・プリンスが、必ずしも外科的手術を求めない広い意味での性的越境を指す概念として使い始めた。それが一九九〇年代以降、アクティヴィズムを中心にひろく流通するようになった。ロシアではこのことばはインターネットを通じて広がり始めた。インターネットの発達とともに、二〇〇〇年代初頭にはトランスジェンダーに関する情報が増加し始め、ロシアのトランスジェンダーの人々も、インターネットを通して、基礎的知識や欧米のトランスジェンダー・アクティヴィズムについて知ることになった。やがて、オフラインでもトランスジェンダー当事者は交流を図るようになる。二〇〇七年ごろに、モスクワで「トランスジェンダー」という店がオープンした。ここは、トランスジェンダー向けの衣服を販売するいっぽうで、当事者間の交流や支援といったアジール（避難所）的機能も備えていた。このように、同性愛者の運動やコミュニティに後続して、トランスジェンダーの支援・交流組織が形成されていったのだ。

「Gay Russia」と「ロシアLGBTネットワーク」（第三の波の到来）

一九九九年にはレズビアン向け雑誌『島』、二〇〇三年にゲイ雑誌『クィア』が創刊されるなど、世紀転換期には言論の場で、「LGBT」の存在感は次第に増していくことになった。こうした雑誌の誌面は、以前の新聞『テーマ』などとは比較にならないほど洗練されている。ファッション雑誌のような誌面のなかで、ゲイやレズビアンは肯定的に書かれており、性的少数者のライフスタイルがひとつの生き方として確立しつつあるという印象を受ける。

　こうしたなか、「LGBT」アクティヴィズム第三の波は、二〇〇五年頃から始まる。海外のファンドからの支援なども受けつつ、現在もっともよく知られている「LGBT」団体——「Gay Russia」（二〇〇五年設立）と「ロシアLGBTネットワーク」（二〇〇六年設立）——が組織されたのだ。このふたつの団体を中心に、第三波アクティヴィズムは展開していくことになる。この二団体は性格や特徴がやや異なっている。「Gay Russia」は街頭デモや抗議活動、訴訟をおこなうなどラディカルな団体であるが、「LGBTネット

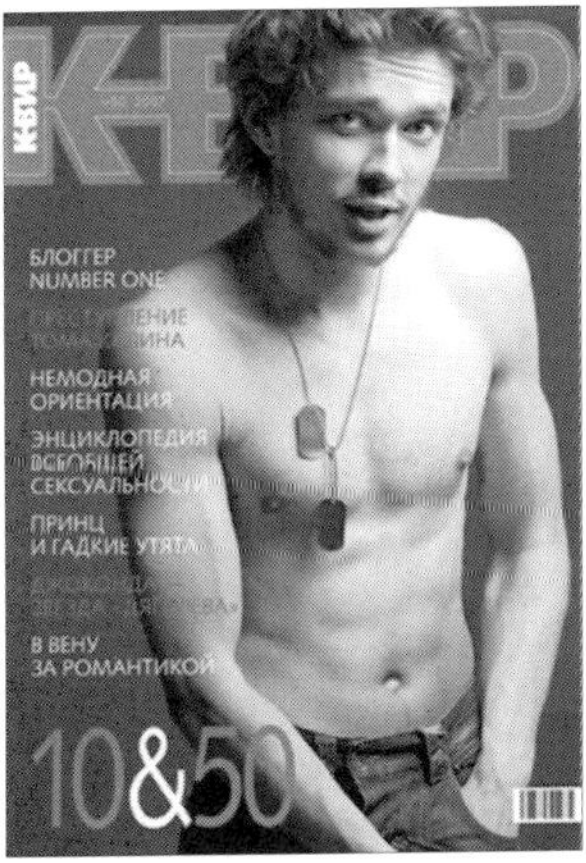

ゲイ向け雑誌『クィア』

ワーク」は、啓発イベントの開催や当事者同士の交流会など、権利擁護や当事者支援を主たる目的としている。

「Gay Russia」と「LGBTネットワーク」が運動を主導するいっぽうで、他にも大小さまざまな団体が設立された。それぞれの団体の目標は、偏見の解消や同性婚の要求、さらには異性愛体制の転覆や「男／女」二元論の撤廃など急進的なものまであり、団体間で共通の課題の設定や合意形成が図られる機会がなかった。そこで二〇〇八年に、モスクワでアクティヴィストや団体が集まる大規模な会議が開催された。この会議では、ロシアにおけるこれからの「LGBT」運動を発展させるための戦略として、「LGBT運動は、国家による性的指向や性自認による差別問題の存在の認知とLGBTの権利と自由の保障を目標とする」と定めた。さらに、二〇〇六年に創設された「ロシアLGBTネットワーク」はこれを機に改組され、国際レズビアン・ゲイ協会の加盟団体となり、ロシア初のセクシュアル・マイノリティに関する国際組織となった。

「ロシアLGBTネットワーク」は、交流会の開催や社会的啓発活動、政府への請願をおもな活動としている。二〇〇九年には、ネットワーク創始者のひとりであるイーゴリ・

コチェトコフがロシアの「ＬＧＢＴ」団体としてはじめて、政府高官と会談し性的少数者の権利擁護を求めた。これは、「Gay Russia」のような衝突も辞さない姿勢とは好対照をなしている。

以上のようなアクティヴィズムの機運の高まりにより、多様な性的指向や性自認の人々が参加するにつれて、運動内部での問題が生じてくるようになった。レズビアン、ゲイ、バイセクシュアル、トランスジェンダーは、それぞれの関心や社会的要求が異なっていることから、同一の目標のもとで連帯することが難しくなったのだ。ゲイやレズビアンなどの同性愛者は、同性婚の実現やセクシュアル・マイノリティへの理解を活動の主眼としたが、トランスジェンダーの一部は、男女二元論そのものの撤廃を求めた。こうした運動の目的や要求のちがいによって、運動の内部で相互に排除し合うようになり、とくにレズビアン、ゲイ、バイセクシュアルという同性愛者・両性愛者とトランスジェンダーとのあいだの分断は顕著なものとなった。また、敬虔な正教徒や第一波の時期から活動を続けている比較的高齢のエイズ患者のゲイたちは、排除の対象となることが多かった。

いっぽうで二〇〇〇年代中頃から、ロシア国内でセクシュアル・マイノリティにたいす

「慈悲の時代」(2004)

る反動も強まりつつあった。二〇〇六年には、「Gay Russia」の主導により、モスクワでパレードを開催する計画をたてていたが、市長ユーリー・ルシコフは右派と衝突する恐れがあることを理由に、パレードの開催を許可しなかった。しかし一部の人々は、無許可のまま行進し、警察に拘束される事態にまで発展した(モスクワでその後も、妨害にあいつつもパレード実施の試行錯誤が続き、「LGBT」の権利擁護のキャンペーンは小規模ながら実施された)。

また、二人組の芸術家デュオ「青い鼻」による男性同性愛を主題とした写真「慈悲の時代」(二〇〇四)をめぐって、ある騒動が起こった。作品「慈悲の時代」は、イギリスの覆面アーティスト、バンクシーの男性警察官ふたりがキスする姿を描いた壁画を模したものであり、雪の降り積もる白樺林のなかで、軍服を着たふたりの男性が接吻を交わしている様子を映している。

雪や白樺といったロシアの自然を想起させるイメージとともに、キスをするふたりの姿は、ロシア社会でのゲイの存在感の高まりを表しているように思える。だが、二〇〇七年にパリのギャラリーでロシアのソッツアート（社会主義とポップアートを合わせた造語）に関する展示会が企画された際、この「慈悲の時代」を含めた十七作品がロシア政府の干渉により、展示を差し止められたのだ。文化・マスコミュニケーション省大臣であったアレクサンドル・ソコロフはこの写真を「ロシアの恥」であるとし、ポルノグラフィーと断じた。結局、この「慈悲の時代」はパリの他のギャラリーに展示されたのだが、政府の同性愛にたいする嫌悪がはっきりとあらわれた事件でもあった。

このようなバックラッシュを受けつつも、「ＬＧＢＴ」運動やコミュニティは発展していくが、二〇一三年の「同性愛宣伝禁止法」の成立とともに、状況は一変する。

第4章　ロシアの「ＬＧＢＴ」の今――同性愛宣伝禁止法の衝撃

本書の冒頭で述べたように、世界からロシアの性的少数者への関心が集まるきっかけとなったのは、二〇一三年の「同性愛宣伝禁止法」の名で知られる法律の制定であろう。そこで本章では、「同性愛宣伝禁止法」を中心に、この法律の内容と法の成立以降のロシアの「ＬＧＢＴ」への影響をみていこう。さらには、市民レヴェルでの「ＬＧＢＴ」運動や当事者の声も紹介しつつ、ロシアの「ＬＧＢＴ」の現在に迫っていくことにしよう。

「同性愛宣伝禁止法」について

「ロシア『同性愛の宣伝』禁じる法案可決、議会前で抗議も」――これは朝日新聞が、いわゆる「同性愛宣伝禁止法」を報じたさいの見出しである（「朝日新聞デジタル」、二〇一三年六月十二日十五時五三分配信）。ロシアにおける法案可決のニュースは、日本でもひろく報道された。この「同性愛宣伝禁止法」の成立を受けて、欧米諸国は二〇一四年のソチオリンピックをボイコットするなど、世界で波紋を呼んだことは記憶に新しい。だが、そもそもこの法律は、本当に「同性愛の宣伝」を禁じる法律なのだろうか。

テレビや新聞などでは「同性愛宣伝禁止法」と呼ばれているが、この「同性愛宣伝禁止法」とは「伝統的な家族関係を否定する情報から未成年者を保護するための連邦法『健康および発達に有害な情報から未成年者を保護する法律』第五条、およびその他個別の連邦諸法を改正する法律」という複数の法改正を総称したものである。ここで問題となるのは、「伝統的な家族関係」を保護するための法整備の一環として、「行政的法違反に関する法典」の第六条二一項に、「非伝統的性関係」にたいする宣伝に罰則が定められたことだ。すなわち、刑法で規定されるような犯罪とまではいえないが、公的秩序にたいする違反として、未成年者への同性愛の宣伝を禁じたのである。これが、メディアで報道されているところの「同性愛宣伝禁止法」である。したがって厳密にいえば、「同性愛」ということばは、条文のどこにもでてきておらず、代わりに「非伝統的性関係」というフレーズが使用されている。この法律の主眼は、子どもを「有害」とされる「非伝統的性関係」から守ることにある。

この法律の成立以前に、すでにリャザン州、サンクトペテルブルク市、ノヴォシビルスク州、サマラ州、バシコルトスタン共和国、カリーニングラード州、イルクーツク州といった連邦構成主体で同様の趣旨の法律が立法されていた。こうした「同性愛宣伝禁止法」の二〇〇〇年代の広がりを受け、ノヴォシビルスク州議会が立法発議者となり、国会においてほぼ満場一致で二〇一三年に成立した（賛成四三六、反対〇、保留一）。

ではここで、実際の条文全文をみてみよう。

「未成年者にたいする非伝統的性関係の宣伝」

一、未成年者を非伝統的性関係を志向するように仕向け、非伝統的性関係の魅力や、伝統的な性関係と非伝統的性関係が社会的に同等であるという歪曲された考えの情報の拡散といった非伝統的性関係の未成年者への宣伝、あるいはこうした関係への関心を喚起させる非伝統的性関係に関する情報の押し付けなど、その行為が刑法上の罰則の対象となる行為を含まない場合、市民には、四千〜五千ルーブル、公務員には四万〜五万ルーブル、法人には八十万〜百万ルーブルの行政上の罰金、あるいは九十日までの活動停止を科す。

二、本条文の第一項に定められた行為は、マスメディアや情報・遠距通信ネットワーク（「インターネット」を含む）にも適用され、こうした行為が刑法上の罰則行為を含まない場合、市民には、五万〜十万ルーブル、公務員には十万〜二十万ルーブル、法人には百万ルーブルの行政上の罰金、あるいは九十日未満の活動停止を科す。

三、本条文の第一項に定められた行為は、外国籍の市民や市民権をもたない者にも適用され、こうした行為が刑法上の罰則行為を含まない場合、四千〜五千ルーブルの行政上の罰金とロシア連邦領外への退去、あるいは十五日未満の行政拘留とロシア連邦領外への行政的退去を科す。

四、本条文一項に定められた行為は、マスメディアや情報遠隔中心ネットワーク（「インターネット」を含む）を利用した外国籍の市民や市民権をもたない者にも適用され、こうした行為が刑法上の罰則行為を含まない場合、五万～十万ルーブルの行政上の罰金と、ロシア連邦領外への退去、あるいは十五日未満の行政拘束とロシア連邦領外への行政的退去を科す。

つまり、この法律は「非伝統的性関係」を未成年者に宣伝した場合、市民、公務員、法人、外国人を問わず、行政上の罰則を与えるというものである。実際に、オランダ人の「LGBT」アクティヴィストがこの法律に違反したとして逮捕されているほか、ロシアの人気作家リュドミラ・ウリツカヤの監修する「ウリツカヤ子どもプロジェクト」シリーズの本が、未成年者にホモセクシュアルの宣伝をしたとの嫌疑をかけられ、監査の対象となった。このように、法律は実際に適応されており、表現の自由の侵害が懸念される。

それにしても、条文に頻出する「非伝統的性関係」とは、一体何なのか。「非伝統的性関係」という文言は、他国の法律にも類したものはなく、その意味は漠然としている。しかし一般的には、「伝統的性関係」とは異性愛、または異性カップルの結婚によって形成される家族関係を指し、反対に「非伝統的性関係」とは同性愛を指していると考えられている。もともとこの法律は、「同性愛」という文言が書かれていたが、それが「非伝統的性関係」に置き換えられたことによって採択されたという経緯がある。

英国の歴史学者であるダン・ヒリーによれば、「非伝統的性関係」という文言は、早くとも一九九一年に、アメリカの保守派のいう「伝統的な家族の価値」という言い回しを借用して、発明された。この法律が指す「伝統的性関係」なるものは、おそらくは近年のソ連へのノスタルジーの傾向を背景に、スターリン以降の同性愛を抑圧していた時代への回帰を志向した概念であろう。これまでみてきたように、帝政ロシア、ソ連時代、そして現代にいたるまで、同性愛をはじめとした性的少数者への政府や社会の態度は一貫しておらず、抑圧や偏見の程度は時代によって異なる。したがって、一義的な意味での「伝統的な性関係」が存在するはずはない。にもかかわらず、保守派やロシア正教会のバックアップをうけたプーチン政権は、失われたスターリン期以降のソ連の性規範――一九八六年にテレビ番組のなかから生まれた、「ソ連にセックスはない」というソ連において性がタブー視されていたことを示すスローガンによく表わされているような性の抑圧と家族主義――を利用するという、奇妙な状況にあるのだ。

「同性愛宣伝禁止法」について注意しなければならないのは、この法律が同性愛そのものを罰するものではない点、および行政法である点だ。まず、「同性愛宣伝禁止法」とはその名の通り、同性愛について未成年者への宣伝を禁じるものである。もちろん、同性愛行為そのものを取り締まるような恣意的な運用も懸念されないことはないが、現時点では、適用例も確認できず、同性愛に関するプロパガンダに限定されている。

またこの法律は、刑法ではなく行政法である点にも注意を払う必要がある。もともとは、会派「祖国」所属で、右派の政治家として知られるアレクサンドル・チューエフによって、刑法として同性愛の宣伝を禁止する法律が提案された。このチューエフの法案は、二〇〇三年、二〇〇四年、二〇〇六年、二〇〇九年の計四回、連邦議会下院に提出されたが、いずれも採択にいたらなかった。そこで二〇一一年に刑法ではなく、行政法に切り替え、採択に至ったのだ。本来、保守派の一部は刑法での罰則を求めていたが、妥協し、刑事責任より軽微な行政罰となったという経緯がある。このようにみてくると、帝政時代、およびソ連時代の同性愛行為そのものを犯罪とする法律が刑法であったが、宣伝行為にたいして行政罰を科すこの法律は、これまでの法とは別物であり一線を画しているといえよう。

「同性愛宣伝禁止法」制定の意図

この法律制定の意図には二つの側面があった。人口動態の面では少子化の改善が目的であった。政治的にはロシア正教会の強い影響下にあるプーチン政権がナショナリズム的色合いの強い右派からの支持獲得をもくろんでいたのだ。

現在のロシアでは、人口は自然減少の傾向にあり、人口減少改善の一環として、宣伝禁止法は成立したとされている。この点について、プーチン自身のことばを引きつつ、新聞はこう報じている。

大統領の話によれば、これらの法律を提案した人々は「同性婚は子どもをもうけない」という考えにもとづいており、「ロシアは人口動態の点で、並々ならぬ時期に直面しており」、政府は「子どもを増やすために、家族の尊さ」に関心をもっている。〔……〕プーチンによれば、性的少数者を抑圧する法と、未成年者にたいする非伝統的関係の宣伝禁止とは、まったく別物である。今ロシアでは、非伝統的な性的指向をもつ人々は職業上も、給与の面でも、「国家さえも彼らの成果を承認しており」、いかなる権利の侵害もない。大統領は「彼らは十分に価値がある存在であり、ロシア連邦の国民としての権利の点でも平等だ」と述べた。彼〔プーチン大統領〕はLGBTコミュニティの代表者と会談し、あらゆる問題について話し合う用意があるが、今のところは、コミュニティからの会談の申し入れはない。（新聞『ヴェドモスチ』二〇一三年九月四日）

プーチンは、この法律が「非伝統的な性的指向をもつ人々」を差別したり、人権を侵害したりする意図のものではないとしつつも、人口動態の観点から、法律の必要性を主張している。ロシア政府はこれまでも、家族イメージの向上や妊娠中絶の規制強化による少子化対策を講じてきた。たとえば二〇〇六年には育児手当の増額、二〇〇七年から二人目以上の子どもに二十五万ルーブルを支給する「母親資金」という育児手当が創設された。また二〇〇八年を「家族年」とし、二〇〇九年から毎年七月八日を「家族、愛、忠誠の日」と定め、家族の価値を喧伝するようになった。さらに妊娠中絶規制の動きもすすんでいる。

二〇一〇年には、連邦法「広告について」第二四条の改正により、メディアでの未成年者向けの妊娠中絶手術の広告が禁止された。また二〇一一年には「ロシア連邦市民の保健の基礎について」の法改正により、妊娠十一週以下の女性は、これまでは当日中絶手術をうけることが出来ていたのが、妊娠中絶の申込みから手術の実施までに四八時間の間隔を置くよう義務付けられた。

このような家族主義的な出産奨励政策の延長線上に、「同性愛宣伝禁止法」は位置づけられるだろう。もっとも、第二章でみたようにスターリン時代に、人口減少を理由に中絶が禁止され同性愛も犯罪となったが、その後も出生率は低下の一途をたどっていたため、人口減少への効果はほとんどなかったといえよう。一九九九年以降、出生率は増加傾向にあるため、多産奨励政策の効果がなかったとは必ずしも言えないが、今回の同性愛の宣伝禁止が少子化対策となるかは甚だ疑わしい。

もういっぽうで、プーチンの説明する少子化対策という「建前」の背後には、同性愛嫌悪《ホモフォビア》を煽ることにより、支持率が低下しつつあるプーチン政権が右派の支持を拡大しようとする政治的意図が透けてみえる。「同性愛宣伝禁止法」が成立する前年の二〇一二年に、国際通信社の代表であり、プーチンと近い関係にあるドミートリー・キセリョフはテレビ番組で「青少年へのホモセクシュアルの宣伝にたいして、ゲイたちに罰金を科すだけではわたしは足りないと思う。ゲイが血液のドナーや精子提供者となることを禁じ、彼らの心臓を地中に埋めるか、焼却しなければならない」といった男性同性愛者への敵意をむきだしにした憎悪発言をし、ゲイをはじめとしたセクシュアル・マイノリティへの差別や偏見を煽った。こうした発言の背景には、セクシュアル・マイノリティの権利を擁護しようとするリベラリズムを西欧のもの（ロシアにとっての「非伝統」）とみなし、「ＬＧＢＴ」を排斥することによって、ロシア固有の「伝統」を取り戻そうと主張する一部の右派の論理がある。つまり同性愛やトランスジェンダーへの嫌悪感は、ロシア対西欧というレトリックに置き換えられることになる。したがって、この法律の成立と共にますます強まっていく近年のロシアの男性同性愛を中心とした性的少数者への嫌悪感は、「ＬＧＢＴ」にたいして比較的寛容な政策をとる欧米への反発やナショナリズムと表裏一体の関係にあるといえるだろう。

では、この「同性愛宣伝禁止法」をロシア国民はどのように受け止めているのだろうか。

ロシア地域研究者の五十嵐徳子も指摘しているように、ロシア国民からはこの法律にたいする目立った反対の声は聞かれない。実際に二〇一三年の全ロシア世論調査センターのデータをみると、八八パーセントのロシア国民がこの法律に賛成している。またピュー研究所の調査では、ホモセクシュアルを社会が受け入れる必要はないと答えた割合が、二〇〇三年は六〇パーセントだったが、二〇一三年には七四パーセントに増加している。このように、「同性愛宣伝禁止法」によってロシアでの同性愛を中心とした性的少数者を社会から排除しようとする傾向は、増幅しているといえる。もっとも、作家リュドミラ・ウリツカヤのように近年のロシアのナショナリズムの高まりやクリミアへの軍事行動などを含めて「私の国は今、文化に対して宣戦布告をしました。ヒューマニズムの価値に対して、個人の自由という理念に対して、人権という理念に対して宣戦布告をしたのです」(沼野恭子訳「ヨーロッパよ、さようなら！――ザルツブルクの印象」『すばる』十一月号、二〇一四年)と批判的態度をとるリベラルな知識人もいるが、数としては少数だ。

ロシアにおけるこうした同性愛嫌悪《ホモフォビア》の原因のひとつとして、五十嵐は、「男らしさ」や「女らしさ」というジェンダーをめぐる規範の影響をあげている。ソヴィエトでは一九一七年の革命とともに形式的には男女平等が謳われ、職業上の男女平等は達成された。しかし、じっさいには、家庭内での女性の役割（家事、育児、介護など）は変わらず、従来の「男らしさ」や「女らしさ」は残されたままであった。すなわち、ロシア革命によって、登録婚の導入、結婚離婚手続きの簡易化、中絶の合法化など法的な面では女性の自己決定権が拡充したが、依然として女性が家事や育児を一方的に担わされる状況は続いており、人々のうちに内面化された性役割の規範は変化しないままであったのだ。こうした性規範は、ソ連崩壊後も温存されており、それゆえ政府が求める家族観――異性愛のカップルによる次世代の再生産と同性愛の排除――を容易に受け入れることができるのだろう。

「同性愛宣伝禁止法」の影響――ヘイトクライムと人々の連帯

「同性愛宣伝禁止法」は、同性愛そのものを禁じるものではないが、同性愛嫌悪を煽ることにより、セクシュアル・マイノリティを社会から排除しようという動きに結びついている。実際、「同性愛宣伝禁止法」の制定をめぐって、同性愛という性的指向を理由とした差別、偏見にもとづく暴力行為であるヘイトクライムが増加傾向にあるのだ。社会学者のアレクサンドル・コンダコフの調査によれば、二〇一〇年から二〇一五年まで、ロシア国内での性的少数者へのヘイトクライム（殺人、暴行、恐喝）による有罪判決者数は、左の表の通りであった。年々、性的少数者へのヘイトクライムが増加しており、とくに二〇一三年以降急増していることがわかる。二〇一三年とは、まさに「同性愛宣伝禁止法」が制定された年であり、この法律によって同性愛への憎悪感情が煽られ、性的少数者を標的とした犯罪が引き起こされていることは明らかであろう。また、二〇一〇年から二〇一六年までの「LGBT」への憎悪犯罪による有罪件数は、合計二六七件であったが、このうちゲイへの犯罪が二五七件、レズビアンにたいしては八件、トランスジェンダーにたいしては、二件であった。レズビアンやトランスジ

	有罪件数（うち殺人）
2010年	18件（13件）
2011年	32件（16件）
2012年	33件（14件）
2013年	50件（25件）
2014年	52件（24件）
2015年	65件（27件）

ロシアにおける性的少数者への憎悪犯罪の有罪件数（表はアレクサンドル・コンダコフ『ロシアのLGBTに対するヘイトクライムによる犯罪』（ペテルブルク、2017）をもとに安野が作成）

エンダーがロシア社会のなかで、じゅうぶん可視化されておらず、存在しないものとされており、それゆえ、犯罪の対象となっていないという事情も考慮すべきであろうが、それでもやはり、ゲイへのヘイトクライムの件数は突出して多い。

	ロシア	米国
2010年	0.0091件	0.0087件
2011年	0.0112件	0.0096件
2012年	0.0098件	0.0080件
2013年	0.0174件	0.0057件
2014年	0.0174件	0.0063件
2015年	0.0185件	0.0075件

米国と比較した場合の、１万人あたりの性的少数者への憎悪にもとづく殺人件数（安野作成）

また、人口一万人あたりの「ＬＧＢＴ」を標的とした殺人による有罪件数を、米国と比較した場合、その差は歴然としている。二〇一〇年から二〇一二年まではヘイトクライムによる殺人件数は、ロシアがやや多い程度であるが、両国の差は少ない。ところが、「同性愛宣伝禁止法」の制定の二〇一三年以降は、米国の殺人件数は、減少傾向であるのにたいして、ロシアはその数を伸ばし続け、倍以上の開きをみせている。

たしかにデータを見る限り、憎悪犯罪の数自体は多いとはいえない。だが、犯罪が認知されていない場合や犯罪の動機が表面化していない場合も含めれば、数は膨れあがるであろうし、法律の制定とともに同性愛を中心とした性的少数者への憎悪犯罪による犠牲者が増加傾向にあることは深刻な問題である。

「同性愛宣伝禁止法」により、ヘイトクライムの増加や表現規制が問題となっているが、いっぽうで法の成立を契機として、「ＬＧＢＴ」アクティヴィズムが他の人権団体やフェミニズム運動と幅広く共闘し、連帯するようになったのも事実である。宣伝禁止法の制定により、「ＬＧＢＴ」活動家たちにとって、性的少数者の権利擁護を主たる目的としたデモや抗議活動をおこなうことは以前にも増して難しくなった。そこで彼らは、直接「ＬＧＢＴ」とは関係のない、不正選挙や政治の腐敗への抗議を目的とした政治デモやメーデーに参加し、そこで性的少数者の人権擁護を訴えるようになったのだ。また、これまで政治的活動とは距離を置いていた「ＬＧＢＴ」の人々も、宣伝禁止法の制定に危機感を覚えて、運動に積極的に参加するようになった。こうして、他の政治的目的を有する団体との活動を模索しつつ、現在の「ＬＧＢＴ」の宣伝活動はおこなわれている。

トランスジェンダーの性別変更要件の改正

以上のように、「同性愛宣伝禁止法」によって、同性愛者を中心とした「LGBT」の人々にたいする偏見や差別、嫌悪感が高まりつつある。しかしいっぽうで、意外に思われるかもしれないが、一部のトランスジェンダーにたいしては「寛容」ともとれる決定がなされた。

二〇一八年一月十九日にロシア連邦保健省による布令「性別変更についての医療機関の書類の発行の形式と手続きの決定に関して」がだされた。第三章でみたように、すでにロシアでは性別変更が認められていたが、決まった要件や形式が存在しなかったことを受け、新たな手続きが定められた。この布令では、精神科医により「性転換症（トランスセクシュアル）」という診断をうけ、精神医学や性医学を専門とする医者や、心理学者で構成される委員会に認められた者が、法的に性別を変更できると明記されている。

トランスジェンダーの法的な性別変更のさいに、ホルモン療法や性腺切除などの性別適合手術の要件は明示されることはなかった。今後の法律の運用を注視する必要はあるが、必ずしも身体的措置を求めない点に関しては、今日のヨーロッパ諸国の動向に近いものであり、たとえば日本では戸籍の性別変更に性別適合手術が必要とされているのと比べれば「先進的」にもみえる。

とはいえ、依然として精神医学的診断が必要であり、あくまでトランスジェンダーは「トランスセクシュアル」という精神疾患であるという認識は残ったままである。二〇一八年五月に世界保健機構の疾病分類（ＩＣＤ）改訂により、「性同一性障害（Gender Identity Disorder）」という病名の廃止が決定した。この改訂により、性別の移行自体は精神疾患ではなくなった。こうしたトランスジェンダーの脱病理化という世界の流れを考えれば、いまだに課題は残っている状況であるといえる。

ではなぜ、「同性愛宣伝禁止法」のような同性愛者への締め付けがなされるいっぽうで、性別変更を望むトランスジェンダーにとっては朗報ともいえる性腺切除を求めない性別変更の措置が、ヨーロッパと足並みをそろえるかのように制定されたのだろうか。おそらくは、トランスジェンダーの性別変更は、数の上でごく少数であることにくわえて、同性愛と比較して、「男／女」の性別二元論にもとづく異性愛主義という社会規範に、影響を及ぼしにくいためだろう。トランスジェンダーの性別変更は、あくまで「トランスセクシュアル」という疾患を理由とした例外的措置であり、依然として「男／女」という強固な枠組みは維持されたままである。したがって、従来ある「男らしさ」「女らしさ」という社会的な性差や規範が脅かされることはない。それゆえ、性別変更を希望するトランスジェンダーにとって、表面的には「寛容」な性別変更の布令が許容されたのではないだろうか。

「LGBT」当事者による活動の展開

「同性愛宣伝禁止法」やトランスジェンダーをめぐる性別変更手続きの改正など、政府による上からの動きが目立ついっぽうで、市井の活動家たちは、性的少数者の権利擁護や差別撤廃のために、どのような活動をしているのだろうか。

モスクワを中心に活発に活動している団体のひとつに、「リソースＬＧＢＴＱＩＡモスクワ」がある。この団体は、「ＬＧＢＴＱＩＡ」（「ＬＧＢＴ」に、既存の性規範にあてはまらない「クィア」、半陰陽を示す「インターセクシュアル」、他者にたいして性愛感情を抱くことが少ない「アセクシュアル」をくわえた総称）の人々を統合し、ロシア社会のなかでの理解増進を目指して、二〇一三年に創設された。開設されてから比較的日の浅い団体ではあるが、専門家を招いた講演会や、当事者やその親に向けたセミナーの開催、当事者間の交流会、「LGBT」を扱った文学作品の読書会をおこなう文学クラブ、英語やドイツ語の語学学習会などその活動は多岐にわたり、モスクワにおける「LGBT」センターの役割を果たしている。所在地や活動場所は、一般には公開されておらず、電話やメール、SNS（ソーシャル・ネットワーキング・サービス）でコンタクトをとった人に、個別に知らせるようにすることで、安全とプライバシーを確保している。

さらに当事者の心理的な面での支援に特化したものに、「私たちの世代」という団体が運営する「同性愛者のためのシャトル」という取り組みがある。この取り組みでは、性的指向や性自認に悩みをもつ人々を対象とした、セラピーや交流会が催されている。シャトルの運営者は、アクティヴィストのほかに心理学者が加わっており、社会活動ではなく、当事者への支援を重視している。

組織や団体の主催する交流以外にも、ロシアの「LGBT」たちはSNSやスマートフ

「リソースLGBTQIAモスクワ」のパンフレット（左）と「同性愛者のためのシャトル」パンフレット（右）

ォン・アプリ、各種電話サービスを駆使して、友人や恋人を探している。また、モスクワやサンクトペテルブルクを中心に、クラブを貸し切ってのゲイやレズビアン向けイベントがおこなわれており、こうした場が性的少数者の若者たちの交遊の拠点となっている。

以上のような、セクシュアル・マイノリティ当事者を対象とした取り組みの他に、「LGBT」映画祭のような性的少数者の自己変革と非当事者を含めた社会への啓発を兼ねたイベントも開催されている。とくに、「LGBT」国際映画祭「ボク・オー・ボク」（「寄り添って」の意）は、ロシア国内でもっとも規模の大きい催しのひとつである。映画祭「ボク・オー・ボク」において特徴的なのは、イベントがひろく一般に開かれているということだ。先に述べたように、おおくの「LGBT」交流会やセラピーは、参加者の個人情報と安全の確保の観点から、基本的に非公開でおこなわれており、当事者（および、その家族）以外の参加は難しい。ところが、この映画祭はSNSをはじめ一般メディア等でも場所や時間を含めてひろく告知をおこなっており、事前登録なしで、十八歳以上であれば参加できる。したがって、「LGBT」当事者でなくとも、性的少数者の問題に関心を寄せる者であれば誰でもアクセス可能であり、容易に情報を得ることができる。そうした意味で、このイベントは「LGBT」コミュニティと一般社会とを架橋する役割を果たしているといえる。

映画祭「ボク・オー・ボク」の発起人のひとりであるマニー・ドゥ・グエルは映画祭開催の意図をこう述べている。

すべての人々は、ありのままで存在

レズビアン向け電話サービスの広告

し、生活にたいする緊張や恐怖を抱くことなく、自分自身を表現する権利をもっています。それは、週に一度の一晩だけのレズビアンバーやゲイバーに限定されるものではありません。はっきりしているのは、わたしたちを取り巻く社会状況を変えなければならないということです。芸術とは、こうした変革を達成するための手段であり、とくに映画はその意味において、強大な影響力をもっています。
(『ボク・オー・ボク十周年——映画、運動、戦い』〈映画祭パンフレット〉、二〇一七年)

映画祭は二〇〇八年に「より広く見よ、善良であれ」というスローガンのもと、非合法で開

映画祭「ボク・オー・ボク」パンフレット

かれた。その後、活動は拡大していき、二〇一二年にはついに首都モスクワでも開催された。しかし、この映画祭もまた「同性愛宣伝禁止法」やそれに煽られた嫌悪の標的となった。二〇一三年には、「外国エージェント」からの資金援助に関する規定に違反したとして、起訴されたのだ。最終的には、ペテルブルク市裁判所の判決により無罪が確定したが、映画祭への妨害行為もおこなわれたことは確かな事実だ。

映画祭の会場入口の様子（安野撮影）

開催十一年目にあたる二〇一八年には、モスクワで五月十七日から二十日まで開催され、のべ二三作品が上映された。筆者である安野は、五月十九日に映画祭に実際に参加した。会場は、モスクワ北東の主要駅であるクールスカヤ駅から歩いて十分ほどの場所だった。開場の十五分ほど前に到着し、案内の表示や看板はなかったが、写真のように、すでに入口には行列ができていたため、すぐに映画祭の会場であるとわかった。

入場のさいには、厳格なパスポートチェックがあった。筆者がその理由を尋ねてみたところ、十八歳以上であることを確認するためと、セキュリティーチェックの二つを兼ねているとのことだった。「同性愛宣伝禁止法」の制定により、十八歳未満に、「LGBT」に関する映画をみせた場合、「非伝統的性関係の宣伝」にあたり、団体が罪に問われるおそれがある。したがって、年齢の確認は欠かせないそうだ。さらに、近年の「LGBT」への嫌悪感情の高まりから、映画祭への妨害を防ぎ参加者の安全を確保するためにも、必要な措置であるとのことだった。会場は一五〇人程度を収容できるようであったが、ほとんど満員であり、会場は熱気に包まれていた。

筆者が参加した上映回では、世界の「LGBT」を題材としたショート・フィルム八作品がロシア語字幕つきで上映された。上映された作品のなかで同性愛を題材としたものは、ゲイとレズビアンの精子提供を題材とした『Spunkle』（米国、リサ・ドナート監督）、ゲイカップルと養子の娘を扱った『わたしの』（英国、マシュー・モルガン監督）、あるレズビアンの女性のライフストーリーをアニメーションで表現した『わたしは女の子が好き』（カナダ、ダイアン・オボムサウィン監督）、ソ連とアメリカで幼少期をすごしたゲイの自伝的作品

『じゃがいも』（米国、ウェス・ハーレイ監督）、ゲイの青年の父親へのカミングアウトを扱った『魚とカレー』（インド、アブヒシェック・ベルマ監督）、学校でいじめをうけるレズビアンの少女の物語『リリー』（アイルランド、グレム・カントヴェル監督）であった。またトランスジェンダーに関しては、女性から男性となった青年と母との静かな対話を描いた『となりで』（ルーマニア、パトリック・ブライラ監督）、女性から男性に性別を変えた青年の職場での困難や恋人との関係をあつかった『マティアス』（オーストリア、クララ・シュテルン監督）の二作品が上映された。

このように、性的少数者のさまざまな局面を描いた作品が上映され、バラエティーに富んだ内容となっていた。また、「L／G／B／T」それぞれの性的指向・性自認について、バランスよく作品が選択されていたので、観客は「LGBT」全般について理解を深めることができ

映画祭会場の様子（安野撮影）

ただろう。しかし、やはりロシアで撮られた映画は上映されておらず、今後ロシアの「LGBT」を扱った映画が上映されることを期待したい。

現代ロシアのトランスジェンダーの現状と課題――当事者の声

映画祭のような組織的な啓発活動のほかにも、個人で活動をおこなっている人々もいる。ここで、実際にロシアの性的少数者の声に耳を傾けてみよう。今回、「LGBT」のなかでも特に困難が多いと思われる、トランスジェンダー当事者の方にお話を伺った。

トランスジェンダーの生活上の困難として、たとえば学校でいじめの対象となりやすいこと、就労の機会が制限されてしまったり、不当な解雇の対象となったりすること、見た目と身分証との性別が異なるため不審な目でみられること、などがあげられる。こうした日常生活上での不都合は、ロシアだけでなく米国や日本を含め、おおくの国々で共通している。だがいっぽうで、トランスジェンダーをめぐるロシア固有の問題も多くある。ゲイやレズビアンと比べると、ロシアのトランスジェンダーに関するする情報は極端に不足している。そこで、ここでは自身もトランスジェンダーの活動家であるヤナ・キレイ＝スティニコヴァさんに、ロシアのトランスジェンダーの現状や課題について語ってもらった（キレイ＝スティニコヴァさんの名前、写真、性自認、セクシュアリティの公表については、本人の了解を得ている）。

ヤナ・キレイ＝スティーコヴァさん

キレイ＝スティニコヴァさんは、モスクワ出身で現在はフランス在住の男性から女性へと性別を移行したトランスジェンダーの専門家である。二〇一五年にはフェミニズムの観点からトランスジェンダーを論じた研究書『トランスジェンダーとトランス・フェミニズム』を上梓した。この著作は、おそらくロシアではじめてトランスジェンダーに特化した論考であり、先駆的な仕事であるといえる。

はじめに、トランスジェンダーに関して、どのような活動をおこなっているのか聞いてみた（なお、聞き取りは、ＳＮＳのチャット機能とメールをつかって二〇一八年九月九日〜十一日にかけておこなった。〔〕内補足は引用者である安野による）。

――あなたがおこなっているトランスジェンダーに関する活動について教えてください。

わたしは二〇一〇年から活動に参加しはじめました。その時は、「ヤブロコ〔社会保障を重視した左派リベラル政党〕」という政党に入り、そこでなんとか、LGBTの問題に取り組もうとしたり、また並行してトランスジェンダーについての講義をしたり、街頭運動に参加したりしていました。とくに、わたしは二〇一一年から二〇一二年にかけてトランスジェンダー・フラッグ〔トランスジェンダーの権利擁護の象徴とされる旗〕を持って、抗議デモに行きました。このときロシアではじめて、〔デモのなかで〕トランスジェンダー・フラッグが掲げられたのです。二〇一三年に、わたしは「政治的損害をもたらした」ことにより、党から除名されました。わたしの公の発言はリベラルな政党にとっては、過激すぎたようです。またこの時、政府によるLGBTアクティヴィストへの抑圧が始まりました。だからわたしは、自分の活動を政治的なものから、理論的なことにかんする執筆活動へと変えたのです。さらに二〇一三年に、化学専攻の大学院に入学し（残念ながら、修了できませんでしたが）、そのお陰で学問的思考が身につき、トランスジェンダーに関する小さな研究をはじめました。ただ、いまわたしは具体的にどのような活動に関わっているかはわかりません。わたしはいま、おおくの時間をアクティヴィズムとは関係のない活動――仕事、子どもの世話、語学など――に費やしています。

キレイ＝スティニコヴァさんは、性別二元論、すなわち人間の性を「男／女」のふたつにわけることに反対し、発言し続けてきた。しかしながら、彼女の性別二元論の廃止というラディカルな主張は、リベラルで人権擁護を掲げる政党であっても、容易には受け入れられなかったようだ。また、二〇一三年の「同性愛者宣伝禁止法」はやはり街頭デモといったアクティヴィズムの萎縮につながっているようだ。しかしながら、キレイ＝スティニコヴァさんは、街頭デモから執筆へと活動の場を移し、トランスジェンダーへの差別や偏見をなくす運動を続けている。

ロシアのトランスジェンダーには、言語上の困難も存在する。ロシア語では、過去形の場合、話者の性別によって語尾が異なっており（男性の場合語尾が「‐л」、女性は「‐ла」）、男女で使い分ける必要がある。したがって話し手は、つねに言語使用の場面でみずからの性を明示しなければならない。この点は、英語やドイツ語などにはない特徴であり、ロシア語話者のトランスジェンダーにつきまとう課題である。さらには、「彼／彼女」といった代名詞をどのように使うかも問題となる。そこで、この言語使用について尋ねてみた。

――ロシア語には性の区別がありますが、トランスジェンダーの人々は、動詞の過去形や人称代名詞はどのように使用しているのでしょうか？

ええ、ロシア語はジェンダーによって厳格に区別された言語であり、これによりおおくの葛藤が生じます。すべては、トランスジェンダーである当人の性自認と具体的状況によります。ふつう、トランス女性（男性から女性へ性別移行した人々）は女性形を、トランス男性（女性から男性へ性別移行した人々）は男性形で自身のことを話します。もし彼らが、安全な場所にいるか、彼らのジェンダーの表現《レプリゼンターツィヤ》（外見）が自身の性自認と一致していれば、そうするでしょう。しかし、もし、たとえば男性的な外見のトランス女性が危険な空間（たとえば、外にいるときや、見知らぬ人々と話す場合）にいた場合、彼女は女性形を使用せず、ジェンダーニュートラルなことばで話そうとするでしょう。そうでないと、攻撃にあうかもしれませんから。性別二元論に当てはまらない人々についていえば、彼らはときには女性形で話し、時には男性形で話したり、会話のなかでそれらを入れ替えたりします。また何人かは、中性形（「それ《アノー》」）を使い、あるいは、なんとかして自分について話すためのジェンダーニュートラルな表現を考え出します。〔傍点は安野による〕

キレイ＝スティニコヴァさんによれば、基本的には自身の性自認に合わせて、動詞の語尾の性を使い分けるようだ。とはいえ、外見と性自認が一致していない場合や、自身が必ずしも、「男／女」にあてはまらないと考える人々は、「ジェンダーニュートラル」な表現を使用するという。

ジェンダーニュートラルな表現とは話者の性別を明示する必要のない表現や構文を示している。この点について、ロシア語において「ジェンダーニュートラルな表現」とは具体的に、どのようなものであるかキレイ＝スティニコヴァさんに尋ねてみた。すると、彼女はこれまでトランスジェンダーや、言語の上で性別を明示するのを好まない人々にたいしておこなった独自のアンケート調査のデータを提供してくれた。このアンケートをみてみると、ジェンダーニュートラルな表現として、（一）無人称文を使用する、（二）物を主語とする、（三）過去形を現在形で代用する、（四）語尾を曖昧に発音する、がおもにあげられている。

（一）無人称文の使用とは、たとえば「わたしは欲した〔Я хотел（男性形）〕」という一人称単数の主格を主語とし、話者の性によって動詞の語尾を変化させる代わりに、「Мне хотелось（中性形）」というように、実質的な主体を与格で表して、動詞の語尾を中性形にする構文である。このような構文にすることで、話者の性別を明確にする必要がなくなる。（二）物を主語とするというのは、たとえば「わたしは働いた〔Я работал（男性形）〕」という文のように、「わたし」を単数主格で主語とした場合、性を明らかにする必要があるので、物である「仕事（女性名詞）」を主語とし、「わたしには仕事があった〔У меня была работа（女性形）〕」と表現することである。物の性（ここでは「仕事」は女性形）にあわせて、動詞が変化するため、話者の性別はわからない。(三)過去形を現在形で代用するとは、「わたしは言った〔Я сказал(男性形)〕」という性を表示する必要のある過去形の代わりに、たとえ過去のことであっても、話者の性ではなく人称によって変化する現在形を用いて、「わたしは言うでしょう〔Я скажу(一人称単数形)〕」と表現するものである。最後の(四)語尾を曖昧に発音する場合とは、上であげたような性を明らかにしない構文や表現、時制を使用できない場合、過去形の語尾を、曖昧に発音し、誤魔化すことである。このような工夫をして、ロシア語話者のトランスジェンダーたちは困難を切り抜けている。

ロシアでトランスジェンダーにとって、言語と並んで日常生活上の困難となるのは、外出時のトイレ使用の問題であろう。日本や米国、カナダなど多目的トイレが普及している国や地域であれば、それを利用するのが一般的であるが、ロシアにはユニバーサルトイレがない場合がおおい。この点について、伺ってみた。

――トランスジェンダーにとって、トイレの使用は深刻な問題だと思います。わたしがモスクワに留学していたとき、大学やお店にはジェンダーニュートラルなトイレはほとんどなかったように思います。トランスジェンダーの方はそうした場合、どうしているのですか？

トイレについて言えば、世界のほかの国と状況はさして変わらないように思います。ひとり用やジェンダーニュートラルなトイレは、ほとんどありません。トランスジェンダーの人々は、たいてい彼らの現在のジェンダー表現に一致したトイレに入ります。つまり、周囲がその人を女性として受け入れれば、女性用に入りますし、男性とみなしていれば、男性トイレを使います。個人的にわたしは、中性的な外見ですから特定の状況で、人々はわたしを女性とも男性とも思うことがあり、わたしはどのような状況で、どのようにみられているのか、いつも把握しているわけではありません。だからわたしは、たいていはトイレに行くのを避けます。ただ、わたしが女性のパートナーといる時は、わたしたちは一緒に、女性用トイレに行きます。それは、ひとりで女性用トイレにいくのは怖いからです。

ロシアでは都市部であっても性別の区分けのないトイレは普及しておらず、トランスジェンダーが困難を抱えていることがうかがえる。基本的には周囲が認識する性別に応じてトイレを使うようであるが、キレイ＝スティニコヴァさんのように、状況に応じて、判断することもあるようだ。

トランスジェンダーをはじめとした、セクシュアル・マイノリティについて考える上でメディアの影響も大きい。たとえば日本では、「オネエタレント」と呼ばれる芸能人たちがテレビを賑わせている。こうした「オネエタレント」の存在は、性的少数者の存在を世間にアピールできるという良い面もあるが、過度な女性性の強調によって、ゲイやトランスジェンダーへの偏見を助長しているという負の側面も同時に有している。第三章でみたように一九九〇年代のロシアでは、「LGBT」の可視化に、メディアによって流布されたポップ・カルチャーがおおきな役割を果してきた。では、現在のメディアのなかで「LGBT」、とくにトランスジェンダーは、どのように表象されているのだろうか。

――ロシアにはトランスジェンダーの芸能人はいるのでしょうか？　日本では、トランスジェンダーや女装のタレントが毎日のようにテレビにでていますが、彼女たちはしばしば嘲笑の対象になっています。

わたしは、ロシアとウクライナのテレビに出演している女装のアーティストをひとりだけ知っています。彼は、ヴェールルカ・セルジューチュカという芸名ででています。しかしトランスジェンダーではなく、それはたんなる芝居です。トランスジェンダーの人々は、テレビにはでません。もし彼らがテレビに出演したとすれば、ロシアを内部から破壊する西側のエージェントであるといったネガティブな反応があるでしょう。一般的に、ロシアのテレビ局は伝統的な価値観を押し付ける政府によって完全に管理されています。

ロシアのメディアには、ほとんどトランスジェンダーをはじめとしたセクシュアル・マイノリティは登場しないようだ。キレイ＝スティニコヴァさんの発言のなかで、とくに興味深いのは、トランスジェンダーはロシアの伝統を破壊する西欧の産物であるというナショナリズムの感情によって、トランスジェンダーへの嫌悪が喚起される可能性を示唆している点だ。「同性愛宣伝禁止法」の箇所でみたように、反「ＬＧＢＴ」の感情は、「伝統的なロシアの価値」というナショナリズムと密接に関連しているといえそうだ。

最後に、「同性愛宣伝禁止法」についても尋ねてみた。「非伝統的性関係」を宣伝することを禁じるこの法律は、同性愛を標的としているようだが、トランスジェンダーへの影響はあるのだろうか。

――ロシアでは二〇一三年に、「非伝統的性関係」を宣伝することを禁ずる法律が制定されました。私の考えでは、これはおもにゲイを対象としていると思うのですが、トランスジェンダーの人々の生活やアクティヴィズムに影響を及ぼしうるでしょうか？

この法律がトランスジェンダーの人々を対象としているかは、簡単には答えられません。国会議員たちは、性自認と性的指向の区別を理解していないでしょう。「非伝統的性関係」とは、あまりに包括的なものであり、多様に解釈される可能性があります。この法がトランスジェンダーの人々に影響を与えるか、というあなたの質問に答える上で、この法律が、実際には、たったの数回しか適用されたことがないということを、おさえておかなければなりません。おそらく、この法は威嚇と嫌悪感の扇動、そしてLGBTに関するイベント（トランスジェンダーの人々によって組織されたものを含む）を禁じるためのものでしょう。

つまり、「同性愛宣伝禁止法」のなかの「非伝統的な性関係」とは曖昧な概念であり、恣意的に解釈される可能性があるというわけである。したがって、特定の同性愛行為のみならず「ＬＧＢＴ」コミュニティそのものを萎縮させる恐れをはらんでいるようだ。そうした意味では、同性愛者のみならずトランスジェンダーの活動にも影響を及ぼす可能性は否定できない。とはいえ、法律が制定されて時間が経っておらず、今後の情勢を注視する必要がありそうだ。

ここまでみてきたように、現代ロシアでは「同性愛宣伝禁止法」の影響もあり、表現規制や一部の団体の活動の妨害、性的少数者への嫌悪にもとづいた暴力が生じている。しかしこうした抑圧があるいっぽうで、「ＬＧＢＴ」当事者間の相互扶助や啓発活動といったものが団体、個人のレヴェルを問わず、市民の側からもおこなわれている。こうした市民の連帯のなかにわたしたちは、いかなる苦境に立とうとも、みずからの権利を守るために奮闘するロシアの「ＬＧＢＴ」たちの姿を、みてとることができよう。

おわりに

ここまで、ロシアの「ＬＧＢＴ」の歩みを現代まで一気にたどって来た。このようにみてくると、ロシアにおいて権力や社会は「ＬＧＢＴ」にたいして、「寛容」と「抑圧」のはざまでその態度が絶えず揺れ動いており、両者のあいだには、つねに一定の緊張関係があったことがわかるだろう。

本書は、おもにヨーロッパ・ロシアの都市部を中心とした「ＬＧＢＴ」の歴史と文化、現状を紹介するものであった。しかしここで明らかにした性的少数者をめぐる状況は、非キリスト教圏では、おそらくまったく違った様相を呈するだろう。たとえばロシアのリベラル紙『ノーヴァヤ・ガゼータ』は、二〇一七年にイスラム教圏であるチェチェン共和国において百人以上のゲイが拘束され拷問を受けていると報じた（チェチェン行政当局は、この報道を否定している）。このように、同じロシア連邦領内であっても、宗教や政治体制の違いによって、セクシュアル・マイノリティをめぐる情勢は一変する。したがってわたしたちは、「LGBT」を取り巻くコンテクストに十分注意を払いつつ、今後の動静を注視する必要があるだろう。

最後に、困難な状況にあろうとも自己や他者の権利のために声をあげるロシアの性的少数者の方々に敬意を表するとともに、「少数である」ということを理由としたセクシュアル・マイノリティへの不当な差別や偏見、暴力がなくなることを、わたしはつよく願っている。

＊本書の執筆にあたっては、出版のお話をいただいた坂庭淳史先生、構想段階で相談にのっていただいた高柳聡子先生、そして指導教員の伊東一郎先生にとくにお世話になりました。また査読を担当していただいたユーラシア研究所の先生方、的確なコメントとアドヴァイスをしていただいた群像社の島田進矢氏にも、この場を借りてお礼申し上げます。

主要参考文献

Кирей-Ситникова Я. Трансгендерность и трансфеминизм, М., 2015.

Кон И. С. Клубничка на березке: Сексуальная культура в России, М., 2010.

Кон И. С. Лунный свет на заре: Лики и маски однополой любви, М., 1998.

Кондаков А. Преступления на почве ненависти против ЛГБТ в России, СПб., 2017.

Кондаков А. (ред.) На перепутье: Методология, теория и практика ЛГБТ и квир-исследований, СПб., 2014.

Созаев В. В. ЛГБТ-движение в России: Портрет в интерьере // Гендерные исследования, № 20-21, 2010.

Созаев В. В., Кириченко К. А., Кочетков И. В. Чего хотят ЛГБТ активисты? СПб., 2011.

Эконен К. Творец, субъект, женщина: Стратегии женского письма в русском символизме, М., 2011.

Brian Baer, *Other Russias: Homosexuality and the Crisis of Post-Soviet Identity* (New York: Palgrave Macmillan, 2009).

Dan Healey, *Homosexual Desire in Revolutionary Russia: The Regulation of Sexual and Gender Dissent* (Chicago: University of Chicago Press, 2001).

Igor Kon and James Riordan eds., *Sex and Russian Society* (Bloomington: Indiana University Press, 1993).

Laura Engelstein, *The Keys to Happiness: Sex and the Serch for Modernity in Fin-de-Siècle Russia* (Ithaca: Cornell University Press, 1992).

Laurie Essig, *Queer in Russia: A Story of Sex, Self, and the Other* (Durham: Duke University Press, 1996).

Tomas M. Mielke, *The Russian Homosexual Lexicon: Consensual and Prison Camp Sexuality among Men* (S. l.:CreateSpace Independent Publishing Platform, 2017).

五十嵐徳子「ロシアの同性愛をめぐる状況とジェンダー」、『現代思想』一〇月号、第四三巻一六号、二〇一五年。

井上洋子、古賀邦子、富永桂子、星乃治彦、松田昌子『ジェンダーの西洋史』、法律文化社、一九九八年。

大江泰一郎「ロシアの同性愛宣伝禁止法――その表層と底流」、『ユーラシア研究』五一号、二〇一四年。

草野慶子「一九－二〇世紀転換期のロシア・レズビアン文学」、『岩波講座 文学（11）身体と性』、岩波書店、二〇〇二年。

雲和広『ロシアの人口問題――人が減りつづける社会』、東洋書店、二〇一一年。

鴻野わか菜「ロシア現代美術におけるフェミニズムとLGBT」、『美術手帖』一一月号、二〇一七年。

渋谷謙次郎「ロシアにおけるいわゆる『同性愛宣伝禁止法』をめぐって」、『比較法研究』七八号、二〇一六年。

ジョン・ボズウェル『キリスト教と同性愛――一～一四世紀西欧のゲイ・ピープル』、大越愛子、下田立行訳、国文社、一九九〇年。

スーザン・ソンタグ『隠喩としての病い／エイズとその隠喩』、富山太佳夫訳、みすず書房、一九九二年。

西山美久『ロシアの愛国主義――プーチンが進める国民統合』、法政大学出版局、二〇一八年。

三成美保編著『同性愛をめぐる歴史と法――尊厳としてのセクシュアリティ』、明石書店、二〇一五年。

ルイ＝ジョルジュ・タン編『〈同性愛嫌悪〉を知る事典』金城克哉監修、齊藤笑美子・山本規雄訳、明石書店、二〇一三年。

	たしの雑誌」開催
1996	ウェブサイト "Gay.ru" 開設
1997	性別を変更する手続きを定めた「戸籍簿に関する連邦法」が成立
1998	レズビアンのイメージを押し出したt.A.T.u.の結成
1999	同性愛が保健省の疾患リストから削除
	レズビアン向け雑誌『島』創刊
2003	ゲイ雑誌『クィア』創刊
2005	「Gay Russia」設立
2006	「ロシアLGBTネットワーク」設立
	「Gay Russia」が企画したパレード、モスクワで不許可
2007	ロシア政府の干渉により「慈悲の時代」(2004) のパリでの展示差し止め
2008	第1回「LGBT」国際映画祭「ボク・オー・ボク」開催
2009	「LGBT」団体と政府高官が初の会談
2013	「同性愛宣伝禁止法」成立
	「リソースLGBTQIA モスクワ」創設
2014	「同性愛宣伝禁止法」に反発した欧米諸国がソチ五輪開会式欠席
2015	ヤナ・キレイ＝スティニコヴァ『トランスジェンダーとトランス・フェミニズム』出版
2017	『ノーヴァヤ・ガゼータ』がチェチェン共和国において、100人以上のゲイが拘束され拷問を受けていると報道(当局は否定)
2018	トランスジェンダーの性別変更に関する布令の発布

ロシアの「LGBT」関連年表

1706	ピョートル大帝によるソドミーの犯罪化（軍法規定）
1716	上記軍法規定の処罰の緩和
1832	刑法による同性愛の犯罪化
1885	ヴェニアミーン・タルノフスキー『性的感覚の倒錯』出版
1903	新しい刑法により同性愛の罰則が緩和
1906	ミハイル・クズミン『翼』発表
1907	リディヤ・ジノヴィエヴァ=アンニバル『33の歪んだ肖像』発表
1910	エヴドキヤ・ナグロツカヤ『ディオニュソスの怒り』出版
1917	ロシア革命、同性愛の脱犯罪化
1929	ソ連構成国のタタール共和国で性別変更の申し出あり
1934	スターリン体制下における同性愛の犯罪化
	マクシム・ゴーリキー「プロレタリア・ヒューマニズム」発表
1960	新刑法が制定されるが、第121条において同性愛は犯罪として定められる
1979	地下出版の文芸作品集『メトロポリ』出版
1984	ゲイの権利擁護団体「ゲイ・ラボラトリー」創設
1987	刑法に「エイズに感染させる行為」が追加
1989	「セクシュアル・マイノリティ協会」創設
	ソ連初のゲイ向け新聞『テーマ』刊行
1990	ソ連構成国エストニアで、セクシュアル・マイノリティに関する国際会議開催
	「セクシュアル・マイノリティ協会」にたいする右派からの攻撃
1993	同性愛の項目がロシア共和国刑法から削除
1995	モスクワのギャラリーXLで展示会「少数者のためのわ

・養親と養子の間、
・一方が精神疾患の結果、裁判所によって法的責任能力がないと認定された者。

ロシア連邦刑法典（1996年～）

※現行刑法典では、同性愛自体は禁じられていないが、性的行為の強要の例として、同性愛関係が、わざわざ明記されている。

132条　性的行為の強要

暴力や脅迫によって、また抵抗できない状態での被害者への男色行為（ムジェロージェストヴォ）、レズビアン関係、あるいはほかの性的行為の強要は3年から6年の自由剥奪刑が科される。

戸籍簿に関する連邦法（1997年～）

70条　戸籍登録の訂正あるいは変更に関する戸籍登録機関の取り決め

戸籍登録の訂正あるいは変更の取り決めは、以下の場合に戸籍登録機関によってなされる。
・戸籍登録において誤った情報や不完全な情報が記載されている場合や、綴りの誤りが認められる場合、
・戸籍登録がロシア連邦主体の法によって規定された規則に則らず、なされた場合、
・保健領域において、政府の政策と調整の立案と実現にもとづく機能を遂行する連邦機関によって定められた形式と手順にしたがって、医療機関が発行した性別変更に関する書類が示された場合。

ロシアの関連法

ロシア連邦憲法（1993年～）

19条

1. 何人も法と裁判所の前では、平等である。
2. 国家は、性別、人種、民族、言語、出自、財産状態および職務上の地位、居住地、宗教にたいする態度、信条、社会団体への所属、ならびにその他の事由を問わず、人および市民の権利と自由を保障する。社会的、人種的、民族的、言語的または宗教的帰属にもとづく市民の権利のいかなる形態の制限も禁止する。
3. 男女は平等な権利および自由、そしてその実現のための平等の機会を有する。

ロシア連邦家族法典（1996年～）

※現行の家族法典では、婚姻は「男女」の合意によると定められており、同性間の婚姻は想定されていない。しかしいっぽうで、婚姻を妨げる事態のなかに同性間の婚姻は記載されていない。ロシアで同性婚は認められていないが、条文で直接同性婚を禁じているわけではないことがわかる。

12条　婚姻締結の条件

1. 婚姻の締結には、結婚する男女の相互の自発的合意が必要であり、また彼らが婚姻可能年齢に達していることが必要である。

14条　婚姻を妨げる事態

以下の場合は、婚姻は認められない。

・一方が、すでにほかの登録婚をおこなっている場合、
・近親者間――すなわち直系尊属と直系卑属（親子、祖父母と孫）の間、全血および半血（共通の父または母をもつ）の兄弟姉妹間、

安野 直（やすの すなお）
1992年長崎県生まれ。早稲田大学文学部卒業。早稲田大学大学院文学研究科修士課程修了。現在は桐朋学園大学音楽学部非常勤講師、早稲田大学大学院文学研究科博士後期課程在学中。専門はロシア文学、ジェンダー論。おもな論文に「20世紀初頭のロシア文学における「男性同性愛」をめぐる言説の構成と変容」（『境界研究』第9号、2019年）、「ロシア女性大衆小説における「新しい女性」のヴィジョン」（『早稲田大学大学院文学研究科紀要』第63輯、2018年）、「リュドミラ・ウリツカヤの短編作品における身体表象」（『ロシア文化研究』第24号、2017年）。

ユーラシア文庫12

ロシアの「LGBT」性的少数者の過去と現在

2019年4月25日　初版第1刷発行

著　者　安野 直

企画・編集　ユーラシア研究所

発行人　島田進矢

発行所　株式会社 群 像 社
神奈川県横浜市南区中里1-9-31 〒232-0063
電話／FAX 045-270-5889　郵便振替　00150-4-547777
ホームページ　http://gunzosha.com
Eメール info@gunzosha.com

印刷・製本　モリモト印刷

カバーデザイン　寺尾眞紀

ISBN978-4-903619-95-8

「ユーラシア文庫」の刊行に寄せて

1989年1月、総合的なソ連研究を目的とした民間の研究所としてソビエト研究所が設立されました。当時、ソ連ではペレストロイカと呼ばれる改革が進行中で、日本でも日ソ関係の好転への期待を含め、その動向には大きな関心が寄せられました。しかし、ソ連の建て直しをめざしたペレストロイカは、その解体という結果をもたらすに至りました。

このような状況を受けて、1993年、ソビエト研究所はユーラシア研究所と改称しました。ユーラシア研究所は、主としてロシアをはじめ旧ソ連を構成していた諸国について、研究者の営みと市民とをつなぎながら、冷静でバランスのとれた認識を共有することを目的とした活動を行なっています。そのことこそが、この地域の人びととのあいだの相互理解と草の根の友好の土台をなすものと信じるからです。

このような志をもった研究所の活動の大きな柱のひとつが、2000年に刊行を開始した「ユーラシア・ブックレット」でした。政治・経済・社会・歴史から文化・芸術・スポーツなどにまで及ぶ幅広い分野にわたって、ユーラシア諸国についての信頼できる知識や情報をわかりやすく伝えることをモットーとした「ユーラシア・ブックレット」は、幸い多くの読者からの支持を受けながら、2015年に200号を迎えました。この間、新進の研究者や研究を職業とはしていない市民的書き手を発掘するという役割をもはたしてきました。

ユーラシア研究所は、ブックレットが200号に達したこの機会に、15年の歴史をひとまず閉じ、上記のような精神を受けつぎながら装いを新たにした「ユーラシア文庫」を刊行することにしました。この新シリーズが、ブックレットと同様、ユーラシア地域についての多面的で豊かな認識を日本社会に広める役割をはたすことができますよう、念じています。

ユーラシア研究所